JN066177

英語教育

21 世紀
叢書

025

言語活動が
アクティブ・ラーナーを
育てる

生徒の英語であふれる授業

萩野俊哉〈著〉

大修館書店

まえがき

● 本書のタイトルについて

　本書のタイトルは『言語活動がアクティブ・ラーナーを育てる──生徒の英語であふれる授業』です。このタイトルに含まれる用語についてまず確認しておきましょう。そうすることで，本書の内容や意図するところが明確になるはずです。

● 「言語活動」とは何か

　『英語教育用語辞典（第3版）』（白畑他，p.166）によると，「言語活動」は「日本の学習指導要領（the Course of Study）において，小学校，中学校および高等学校で指導されるべき教育的な内容として示されている『言語を用いた活動』のこと」と定義されています。

　本書は主に日本の小学校，中学校，高等学校の教育現場で外国語としての英語を教えている教師向けに書かれたものですので，当然，日本の文部科学省の学習指導要領に基づく英語教育を念頭においています。そのことを前提として，本書では「言語活動」を「外国語としての英語の習得を目指して行われる，英語を用いた活動」と定義します。

● 「アクティブ・ラーナー」とは何か

　英語で書けば active learner で，一言でいえば「active learning を行う人」のことです。具体的には次のような資質や能力を持ち，実際にそれらを発揮し，実践している人のことを意味します。

・課題意識や目標を持てる
・学び，習得するための方法や手段を知っている
・自ら主体的・積極的に学びを深められる
・学び，習得したことをプラスの方向に活かすことができる
・自律的であると同時に，他者と協働・連携できる
・以上の各項目の達成に向けて努力する姿勢がある

● 本書のねらい

　教育の大きな目標・ねらいのひとつはアクティブ・ラーナーを育てることです。アクティブ・ラーナーは言語活動によって育てることができます。特に，生き生きとしたコミュニケーション活動としての言語活動によって生徒は大きくアクティブ・ラーナーへの一歩を踏み出します。これは，今年3月に定年退職を迎えた筆者の，実践と経験によって導き出された答えです。言い換えれば，本書は筆者の体験によって裏打ちされた"Education through English"の実践の記録です。

　本書の副題は「生徒の英語であふれる授業」です。アクティブ・ラーナーを育てるべく言語活動を授業に導入すれば，必然的にその授業は生徒の英語であふれていきます。そんな授業を私たち英語教師は共に目指しましょう，という願いを込めました。

● 本書の構成と内容

　各章の構成はおおむね次の通りです。
(1)　その章で扱う言語活動の定義・説明及びその意義やねらい
(2)　当該言語活動の具体例（その指導と評価）
(3)　当該言語活動を行う際の留意点

　生き生きとした授業をつくるためのヒントもコラムで紹介しました。参考にしていただけますと幸いです。

『言語活動がアクティブ・ラーナーを育てる』目次

第5章　読解を中心とした活動

第6章　「発表」や「やり取り」などの話すことを中心とした活動

第7章 ディスカッション・ディベート

第8章 帯活動

第9章 プロジェクト活動

言語活動がアクティブ・ラーナーを育てる
生徒の英語であふれる授業

1 ウォームアップ活動

1 ウォームアップ活動とは何か

　ウォームアップ活動とは，ふつう授業の始めに行われて，メインとなる授業の中身にスムーズに入っていくために気持ちと体と頭脳を整える活動のことです。実際の効果は，「帯活動」(第8章)と重なる部分が多分にありますが，ねらいはあくまでも授業の準備という点にあります。

　ウォームアップ活動を行う際に注意すべき具体的なポイントは次の3つです。

・短時間で行えること (5～10分が目安)。
・生徒全員が関わること。
・生徒が英語を使うこと。

2 ウォームアップ活動の具体例

★**1** Greetings (英語で挨拶)　レベル：初級～上級

① 教師と生徒1名が以下のような会話をする。

　(例)　T: Good morning, Takeshi. How're you feeling today?

　　　　S: I'm OK, but I'm a little sleepy. How are you, Mr. Hagino?

T: I feel great, <u>because my wife made me my favorite box lunch today!</u>

② 生徒は全員起立して同様の会話をペアで行う。その際，①の下線部のように必ず何か一言付け加えることとする。

　よくある次のような紋切り型の greetings からの脱却がねらいです。

T: Good morning, class!

S's: Good morning, Mr. Hagino.

T: How are you?

S's: Fine, thank you. And you?

T: Fine, thank you.

　英語圏でのふつうの挨拶に近づけて，その時のリアルな気持ちや体調を表現し，また相手の言ったことに対して適切に反応するというコミュニケーションの基本を身につけさせたいものです。

★ 2 Chat (Free Conversation) 　レベル：中級～上級

　トピックと所要時間（1分程度が標準）を決めて，ペアで行う。たとえば，週明け月曜日の授業であれば，What did you do over the weekend? をテーマとする。さらに，会話後，パートナーの週末についてクラス全体の前で発表し，全員で（教師も入って）質疑応答を行うこともできる。

★ 3 Q&A Activity with a Format 　レベル：初級～上級

① 空欄を設けた次の例のようなテーマ文を板書する。

　（例）　I like (　　　　) very much. 【sports】

② ペアを組み，次の（例）の下線部を自由に変えて，会話を行う。

　（例）　A: What sport do you like?

B: I like <u>soccer</u> very much.

A: Do you like <u>baseball</u>?

B: <u>No, I don't.</u> <u>I don't like baseball.</u>

A: OK. Thank you.

B: You're welcome.

③ A と B の役割を交代して活動を続ける。

補足

▶ ①の【　】内を music や movies や books などに変えて行います。

▶ ②の会話例はプリントにして示したり，パワーポイントなどを使ってスクリーンに映し出したりするとよいでしょう。

▶ ①と②はそれぞれ生徒に見えるように示した後，黒板を消したりスイッチを消したりして見えなくした状態で活動させることもできます。

▶ ①で示すテーマ文は，文法をターゲットとしたものでもよいし，あるいは，たとえば教科書の本文の内容に関わるものにすることもできます。

▶ 難易度の調整は，次の例のように自由に行うことができます。

（例）　① I like (　　　) better than (　　　), because (　　　). 【sports】

　　　② A: What sport do you like?

　　　　 B: I like <u>soccer</u> better than <u>baseball</u>, because <u>it's more exciting.</u>

　　　　 A: Don't you like <u>baseball</u>?

　　　　 B: <u>Well, it's a little boring to me. Soccer is full of power and speed! That's what I like very much.</u>

　　　　 A: OK. Thank you.

        B: You're welcome.

★ 4 Q&A Activity with a Teacher   レベル：初級〜中級

① 生徒全員を立たせて，教師が次の例のようなテーマ文を口頭
   で与える。

   （例） I like soccer very much.

② テーマ文に関連した質問を思いついた生徒は挙手して，教師
   から指名されたらその質問文を言う。

③ 教師はその質問に応答し，時折生徒にも質問を返してやりと
   りを続ける。

④ 質問文を言った生徒あるいは教師からの質問に答えた生徒の
   いる縦列ないしは横列の生徒全員を着席させる。

⑤ ②〜④を繰り返し，生徒全員が着席となるまで続ける。

補足

   あらかじめ挙手できる列を順に指定しながら行うこともでき
   ます。また，縦列と横列の両方の列の生徒を同時に座らせた
   り，⑤では立って残っている生徒が5名くらいになったら終
   了するなどして所要時間を調整し，クラスマネジメントを図
   ることもできます。

★ 5 Q&A Activity with an Eraser ("Hot Potato")   レベル：中級〜上級

① 生徒にペアを組ませる。

② ペアでじゃんけんをして，勝った人が自分の消しゴムを持ち，
   教師の "Ready? Go!" の合図でパートナーに英語で質問する。
   質問を終えたら，持っていた消しゴムをパートナーに渡す。
   なお，質問の内容は原則自由であるが，何かテーマやねらい
   を決めて行うこともできる。

(例)　What did you do after dinner yesterday?

　　　Have you ever been to Sado Island?

③ 消しゴムを渡された生徒は，質問に答え，その後パートナー
　に質問を返す。なるべく内容的に関連した，別の質問を返す
　とよい。質問を返すのと同時に，持っている消しゴムをパー
　トナーに渡す。

　　（例）　A: What did you do after dinner yesterday?（と言っ
　　　　　　て，消しゴムを B に渡す）

　　　　　B: I watched TV with my family. Do you like TV
　　　　　　dramas?（と言って，消しゴムを A に渡す）

④ このように消しゴムをお互いに渡し合いながら会話（Q&A）
　を続け，制限時間（2 分程度が適当）になったら教師の合図
　で会話を終える。その時に消しゴムを持っている生徒には
　「罰ゲーム」としてパートナーとどんな話をしたかクラス全体
　へ発表してもらう（このような「罰ゲーム」があるというこ
　とはあらかじめ生徒には説明しておく）。この「罰ゲーム」へ
　の参加者は 1 回につきせいぜい 1 名か 2 名程度であろうが，
　指名する前に最初に「ボランティア」（発表希望者）を募ると
　意外と手が挙がるものである。

補足

▶ 消しゴムがまるで「（茹でたての）熱々のじゃがいも（Hot
　Potato）」のように，いつまでも手に持っていられずにすぐに
　手放したくなるようなものとして扱われるため，このような
　活動は別名"Hot Potato"と呼ばれます。昔から欧米でさまざ
　まに応用されて行われているゲームです。

▶ 初級者には，出だしの最初の質問は，教師があらかじめ決め
　て与えて行うとスムーズに進む場合が多いです。

▶ 活動の後で，ペアで話した内容をまとめて英語で書かせると学習が深まります。また，そのような「書く」活動が後に控えているということがあると，生徒はそれを意識して，口頭での会話の活動により集中して取り組むようになります。

★ 6 Songs

　英語の歌や絵を用いた言語活動を行うことはよくあります。それらを聞いたり見たりしている分にはさほど問題はないのですが，いったん歌を歌ったり絵を描いたりする段になると注意が必要です。つまり，歌を歌ったり絵を描いたりすることがまったくの苦手で，無理やりやらされることで心理的な負担をかなりの程度感じてしまう生徒もいるということです。たとえば，少なくとも，1人でやらせない，恥をかかせない，などの配慮が必要でしょう。

　とはいえ，歌が好き，洋楽が好き，という生徒もクラスの中には大勢いるでしょうし，「英語の曲がそのまま聞き取れるようになりたい！」というのが英語学習のひとつの大きな動機づけとなることもよくあります。英語の歌を教材として1年間継続的に扱えば，たとえば，年度末に「クラスが選んだベスト10」の歌の歌詞をまとめた冊子を作れますし，さらに卒業学年においては，卒業までのベスト10の歌を選ぶこともできます。卒業記念として，よい思い出になるかもしれません。

★ 6-1 Catch the Phrase! (サビを聞き取れ！) 　レベル：初級〜中級

① 授業が始まる前の休み時間のうちに，これから扱う英語の曲のCDをリピート機能を使って連続で流しておく。
② 授業開始でいったんCDを止め，黒板にその曲のサビの部分を，ところどころの語句を空所にして板書する。

③ 何回か CD を流して聞き取らせ，空所を埋めさせる。

④ 生徒にペアを組ませ，空所に何が入ったかをお互いに確認させ，その後，ボランティアの挙手や指名により正解を確認する。

⑤ 板書したサビの部分の意味を確認した後，感情を込めて音読練習をし，数名から発表してもらう。

補足

▶ 休み時間のうちに，空所を設けたサビの部分をあらかじめ板書しておき，CD をリピートで流しておいてもよいでしょう。そして，始業チャイムと同時に答えを示すこともできます。この方法だと，授業が始まる前からウォームアップが始まっていることになり，よりスムーズに時間短縮で授業に入ることができます。

▶ 日本のポップスの英語カバー曲を扱うと，生徒は英語の歌詞によりいっそう興味を持つようになります。サビ以外の部分の英語も教材として扱いやすくなります。

★ 6-2 Enjoy Listening! (歌詞を聞き取ろう！) ［レベル：初級〜上級］

① 既習表現や既習文法事項に関連する語句を空所にした歌詞が印刷されたワークシートを生徒一人一人に配布する。

② CD などで通して聞かせて空所を聞き取って，埋めさせる。

③ 歌詞の対訳を印刷したシートを配布し，生徒はその日本語を見ながら再度空所を埋める。

④ もう一度曲を聞かせて，空所を埋めさせる。

⑤ 空所に入る語句について，ペアで自分たちの答えを見比べながら相談させる。

⑥ 最後にもう一度曲を聞かせて，確認させる。

⑦ クラス全体で正解の答え合わせをする。

　少し手順を変えて，次のように行うこともできます。
①′　いくつかの語句を空所にした歌詞と対訳（対訳には空所を設けない）が印刷されたワークシートを生徒一人一人に配布する。
②′　生徒には個々に自分の力で対訳をヒントに空所を埋めさせる。
③′　CD などで通して聞かせて空所を聞き取って，埋めさせる。
④′　空所に入る語句について，ペアで自分たちの答えを見比べながら相談させる。
⑤′　最後にもう一度曲を聞かせて，確認させる。
⑥′　クラス全体で正解の答え合わせをする。

|補足|

▶ 歌詞の 1 行ごとに番号を振ると，その番号を言うことで素早く正確に生徒の注意を焦点化できるので，効率的に授業を進めることができます。

▶ 曲は授業 1 回につき 1 曲すべてを最初から最後まで聞かせる必要はありません。いくつかのパートに分けて，複数回の授業で扱うこともできます。ウォームアップ活動として行う場合は，特にこの点に注意しましょう。

▶ 曲を選ぶ観点としては，たとえば次のようなものがあります。
　●文法事項や重要表現に着目する
　　英語の歌は実は文法学習のためのリソースとしては「ネタ」の宝庫。たとえば，The Beatles の全米ヒットチャート最後の第 1 位となった *The Long and Winding Road* という曲の歌詞だけとっても，重要文法事項が複数含まれています。

その歌詞は英文としてはやや抽象的・詩的で意味が分かりにくいものもあるかもしれませんが，逆に「鑑賞」を深めるにはよい題材と言えるかもしれません。いずれにせよ，英語の歌詞は文法事項や重要表現について，既習事項の復習としても，未習事項の導入としても使えます。

● 歌詞の意味や内容に着目する

歌詞には何らかのメッセージや「意味」があります。生徒にはそれらについて理解させ，考えさせ，話し合わせることができます。たとえば，John Lennon の *Imagine* であれば「人類愛」や「平和」について，Billy Joel の *Honesty* であれば「人生」や「社会」について，Freddie Mercury の *I Was Born to Love You* であれば「恋愛」や「愛」について，Paul McCartney & Stevie Wonder の *Ebony and Ivory* であれば「人権」や「平等」についてそれぞれ扱う格好の教材になります。

● 聞き取りやすさに着目する

リスニングの教材として目の前の生徒にとってふさわしいレベルのものであるかどうか，これは重要な観点です。　たとえば，The Beatles や Carpenters などの曲は総じて聞きとりやすい。*Hello, Goodbye* や *Top of the World*，*Yesterday Once More* などは「定番」でしょう。Carol King の *You've Got a Friend* や Billy Joel の *Just the Way You Are* も聞き取りやすい部類でしょう（歌詞の内容についても魅かれるところがありますね）。

今はネットを使ってさまざまに検索できる時代ですので，ぜひ生徒のことを思い浮かべながら実際に聞いて，判断していただきたいと思います。

★ 6-3 Song Project レベル：中級〜上級
① クラスを 4 〜 5 名のグループに分ける。

② 各グループで扱う曲をひとつ決める（グループで曲が重ならないように調整する）。

③ ひとつの曲をひとつのグループが担当することとする。以下のことを担当グループの生徒が中心となって行う。

a. 授業開始数分前から CD でリピートで曲を流す（毎回）。

b. 初日は 1 回通して曲を聞き，感想を述べ合う。

（例）（S1は担当グループの代表）

S1: What do you think of this song?

S2: It's exciting! I love it!

S1: How about you, S3?

S3: I think it's too loud. I don't like it....

c. 2 日目はリスニングの練習。空所を作った歌詞を印刷したハンドアウトを全員に配布。曲を聞きながら穴埋めをする。最後に日本語訳を配布する。

d. 3 日目以降は， 1 日につきグループの生徒がひとり，曲の感想や自分が気に入っている歌詞の部分を英語で紹介する。その後，I agree/disagree with him/her because....の表現を使いながら，まずペアで意見交換をし，その後クラスでディスカッションを行う。

補足

▶ 全体としてはかなり長期にわたる活動となります。プロジェクト的な要素もあるので「第 9 章　プロジェクト活動」で扱うこともできますが，一回一回の活動はウォームアップ活動とも位置づけられるので，ここで紹介しました。

▶ ③ d. の「ディスカッション」については「第 7 章　ディスカッション・ディベート」も参照してください。

★ 7 Short Speech / Show & Tell レベル：中級～上級

① 授業の最初に 1 ～ 2 名の生徒が 1 分間程度の speech あるい
は show and tell を行う（生徒はあらかじめ指名しておく）。
次の例は，ペットの犬の写真を見せながら show and tell を
行った生徒 A さんの例です。

This is our pet dog. Her name is Hana.
She is a golden retriever. She is nine
years old, which means she would be an
old lady if she were a human being. We
let her stay in our house. She likes sleep-
ing very much but doesn't like walking.
Sometimes it's difficult to make her get
out of our house and take a walk with
me. Can you tell me a good way to walk
her with me?

② 生徒はペアになって，①の発表で聞き取れた内容をお互いに
英語で共有し合う。

(例) S1: A-san's dog is nine years old.

S2: Yes, and she is rather old.

S1: Right. She likes sleeping but doesn't like walk-
ing.

S2: A-san sometimes takes the trouble to walk
her....

③ ②で共有できなかったことや確認したいことを①の発表者に
質問する。その際，司会進行は生徒にやらせるとよい（あら
かじめ決めておく）。

▶ 生徒には適宜メモを取らせるとよいでしょう。

▶ ③では，②で聞き取りがあやふやだったところを確認するための質問でもよいし，まったく新たな質問を投げかけてもよいでしょう。司会進行は教師がやるよりも仲間の生徒が行った方が，質問も出やすいものです。

▶ あくまでもウォームアップの活動です。より時間をかけて掘り下げた活動にすることもできますが，それについては「第6章 『発表』や『やり取り』などの話すことを中心とした活動」に譲ることとします。

★ 8 Vocabulary Building

語彙を中心とした活動については，第4章で中心的に述べることになりますので，ここではウォームアップ活動として有効なものをいくつか紹介するにとどめます。

★ 8-1 "Vocabulary Hunting"（単語当てクイズ）ver. 1

レベル：初級〜中級

① 英単語をいくつか板書する。前の授業で学習した単語を書けば復習活動になるし，本時で学習するテキスト本文のキーワードなどを書けば，oral introduction にもつながる。

　　（例）　audience, crowd, passenger, voter

② 英英辞典を活用しながら板書した単語の定義を英語で述べ，生徒に当てさせる。

　　（例）　a group of people who watch and listen to someone speaking or performing in public　（答）audience

③ 単語とその定義をマッチングさせた「正答シート」を生徒に配布して，全員で音読し，答えを確認する。

14

補足

▶ 日本語訳で意味を知っているつもりでも，英語で定義を紹介されると意外と答えられないものです。概念やイメージとして定着していないからです。その意味で，この活動は英単語の概念やイメージの習得に役立ちます。

▶ ①の例のように似たような意味の単語を並べて当てさせると面白いでしょう。

▶ ②で定義をいくつ述べるかはケースバイケースです。

▶ ③では，ハンドアウトの左側に英単語の定義を，右側に英単語をランダムに，それぞれ縦に並べて示して，生徒には正しく定義と単語をマッチングさせることもできます。また，定義の中に出てくる単語をいくつか削除し，空所にして，埋めさせることもできます。さらに，その際に，教師が読み上げて生徒には聞き取らせて書かせるというディクテーション形式で行うこともできます。

★ 8-2 "Vocabulary Hunting"（単語当てクイズ）ver. 2

レベル：中級〜上級

① 生徒はペアを組み，各自，自分の知っている単語（「前の授業で学習した範囲で」と限定すれば復習活動になる）を4つ，メモに書いてパートナーに渡す。

② メモを渡されたら，その中からひとつ単語を選んで，即興で英語でその単語を説明・定義し，口頭で伝えてパートナーに当てさせる。制限時間内に，何語当てることができたかを競う。なお，1回の説明・定義につきパートナーは単語は1語しか言うことはできない。外れたら，別の単語の説明・定義に移ることとする。

▶ ②での制限時間は，生徒のレベルなどで調整します。2～3
　分程度がひとつの目安です。

▶ ②では，選んだ単語そのものを使って説明・定義してはいけ
　ません。さらに，その単語の派生語を使うことを禁止して行
　うこともできます。

▶ 以下のようなシートを用いて書く活動も交えて行うと，復習
　やフィードバックにもつながり，学習も深まります。ただし，
　ウォームアップ活動としてはやや重くなるでしょう。

Date:　／

Class (　　), No. (　　), Name:　_____
　　　　　　(Partner's name:　_____)

Words:　(　　　), (　　　　), (　　　　), (　　　　)

Definitions:

(1) (　　　) = _____
_____
_____

(2) (　　　) = _____
_____
_____

(3) (　　　) = _____
_____
_____

(4) (　　　) = _____
_____
_____

★ 9 Short Test（小テスト） レベル：中級〜上級

① 前の授業の最後に，その授業で扱った単語を3つ指定しておく。そして，宿題としてそれらの単語について，発音，意味，用法，例文などについて必ず辞書で調べて，各自ノートにまとめておくように指示する。

（例） enable, mutual, representation

② 本時の授業の最初に，英文が書きやすいよう罫線の入ったシートを生徒一人一人に配布する。そして，①の3つの単語のうち2つを指定し，その2つの単語を使って英文を制限時間内でなるべくたくさん自由に書かせる。その際，教科書やノート，辞書，参考書類を見ることは禁止する。1文にその2つの単語のうち1つを使っていれば1点。1文にその2つの単語を2つとも使っていれば3点とする。得点については生徒が記録しておき，定期的に教師に申告させる。

（例） enable と mutual を指定する。

→（作成例） Language is not the only one way of *enabling* us to promote our *mutual* understanding. (得点3点)

③ ペアでお互いに②で書いた英文を添削し合う。ただし，誤りがあっても減点はしない。

④ ③を経た英文をクラス全体でいくつか共有し，最終的に適切な英文に整えた後，全員で音読・暗唱する。

補足

▶ この小テストのねらいは次の3つです。

(1) 辞書を引く習慣を身につけさせる。

(2) 自分のオリジナルの例文を作らせる中で語彙の定着を図る。

(3) 減点法ではなく加点法で行うことにより生徒のやる気を

喚起する。

特に，最後の(3)は重要です。肯定的なプラスの評価を基本とすることで，生徒のやる気を引き出し，積極的に学習に取り組む姿勢を醸成したいところです。具体的には，accuracy より fluency を重視して指導するとよいでしょう。③で「減点しない」としても，ペアで見せ合うようにしておくことで，生徒はそれほどでたらめな英文は書かないものです。

▶ ②で，前時に提示した3つの単語をその場で2つに指定し，また，得点も1点と3点というふうに差をつけるのは，あらかじめ家庭学習で英文を作って用意しておくのも否定はしないし，その場で考えて英文を作るという即興性も重視したい，という意図があります。

▶ ②で，指示された単語の派生語も使用して可とすると，表現の幅が広がり，さらに自由な発想で英文を作成することができます。

▶ 生徒のシートは回収し，書かれた英文を教師もチェックして，共通する誤り等についてクラス全体や個人にフィードバックすると，より効果的です。

★10 その他　レベル：初級〜中級

ウォームアップとして，その他にも昔からジャズ・チャンツ（jazz chants），早口ことば（tongue twister），ナーサリー・ライム（nursery rhyme）などがあります。これらの活動は生徒にまずは英語で声を出させるという最初の入り口になりますし，英語の発音やリズム，イントネーションや調音（articulation）などの習得にも有効です。

また，教師の言う命令文に生徒が動作で反応する TPR（Total Physical Response）や，これをゲームの形にした "Simon Says"

などは，リスニングのウォームアップになると同時に，生徒は身体を動かしますので，緊張感がほぐれ，リラックスできるという効果もあります。

これらの「伝統的な」ウォームアップ活動についてはすでに多くの皆さんが知っているものだと考えますので，ここでの説明は割愛します。

3 ウォームアップ活動の留意点

3-1 評価について

冒頭でも触れましたが，この章で紹介した活動は，工夫次第ではより充実したコミュニケーション活動に発展させることのできる可能性を持っています。しかし，そのような活動を行うためには時間がかかります。そうすると，それ自体が「大きな」活動となり，もはや「準備運動」を趣旨とするウォームアップ活動ではなくなってしまうでしょう。

評価についても同様で，たとえば，ルーブリック（rubric）などを用いた生徒同士の相互評価や，教員による観点別評価などは必要なことではありますが，過度に持ち込むと，ウォームアップとしては大げさな活動となってしまいます。

確かに，ウォームアップといえども，それは指導に基づいたひとつの「活動」であり，何らかの教育的な意義を兼ね備えています。したがって，振り返りやフィードバックを行いながらPDCA（Plan（計画）・Do（実行）・Check（評価）・Action（改善））のサイクルで継続的に行うことが理想です。しかし，ウォームアップとしてその活動を位置づけるのであれば，その本質はしっかり

と押さえたものにしたいものです。

3-2　復習活動との関連について

　ウォームアップ活動は本時への導入をスムーズに行うための，前時の復習活動でもありえます。そして，その復習活動は，当然，前時の学習の確認と定着を促すものでもあります。その意味で最も単純なウォームアップ活動として，たとえば，前時で扱った本文の内容について理解を確認する Q&A を行った後，全員で本文を音読したり，前時で扱った言語材料（語彙や文法など）を含む簡単な口頭和文英訳を行い，全員で音読，暗唱するといったこともありえます。実際，上述の各活動を，前時に学習した文法や語彙や，本文の内容などに色濃く関連させたものにするならば，それらは復習活動としての色合いも濃くなります。

　以下に大きく 2 つ，教科書の本文を実際に用いて行う復習活動であり，同時にウォームアップ活動になる例を，ある教科書の本文（*Genius English Course Ⅱ Revised*，大修館書店，1999，p. 18，pp. 122-123.）を使って紹介します。

★1　Gap-Filling Reading

　生徒に教科書を閉じさせ，ペアを組ませる。一方の生徒にSheet A，他方の生徒に Sheet B を持たせて，パラグラフごとに交替して音読させる。相手が空所を埋められず，つまった時は助けてやり，助けた回数を競わせる（助けられた回数が少ない方が勝ちとなる）。終わったら Sheet を交換して，もう一度音読させる。

（例）

Sheet A:

> When we need food, our body begins to （　　　） hungry.　But how do we know that we are feeling "hungry"?　How does our mind get the （　　　） and make us feel "hungry"?
>
> Hunger has nothing to do with an empty stomach, as most people believe.　A baby is born with an empty stomach, yet it doesn't feel hungry for about 36 hours.　People who are sick or feverish often have empty stomachs without feeling hungry....

Sheet B:

> When we need food, our body begins to feel hungry.　But how do we know that we are feeling "hungry"?　How does our mind get the message and make us feel "hungry"?
>
> Hunger has nothing to （　　　） with an empty stomach, as most people believe.　A baby is born with an empty stomach, （　　　） it doesn't feel hungry for about 36 hours.　People who are （　　　） or feverish often have empty stomachs without feeling hungry....

　この例では単語が空所になっていますが，それを句や節のレベルに上げたり，あるいは文のレベルに上げたりすることもできます。また，それらの空所に入るものについて最初の1文字（アルファベット）を示しておいたり，あるいは，空所に入るものをランダムに並べて示し，選択肢としてあらかじめ与えておいたりすることによって，さらにレベル調整をすることができます。

　いずれにせよ，どこを空所にするかは教師側のねらいによります。機械的に数語おきに空所を設けて，暗記・暗唱を促すことをねらいとしたり，「機能語」（冠詞・前置詞・代名詞など）を除いて「内容語」（名詞・動詞・形容詞・副詞など）のみを空所とし

て，英文の内容把握をねらいとすることもできるでしょう。また，マスターしてほしい重要熟語や定型表現の一部ないしは全部を空所とすることもできます。さらに，文章の論理的な一貫性に注目させたい時には，接続詞やつなぎの副詞，あるいは代名詞などを空所にすることもできます。

なお，空所の数ですが，パラグラフの長さにかかわらずひとつのパラグラフについての数を固定する方法もありますし，長いパラグラフでは空所の数を若干増やすことでバランスをよくするという考え方もあると思います。

★ 2 Find-the-Differences Reading

① 生徒に教科書を閉じさせ，ペアを組ませる。一方の生徒にSheet A，他方の生徒に Sheet B を持たせる。

② Sheet A には破線部より前半に，Sheet B には破線部より後半に内容的に誤った箇所が 5 箇所ずつあるので，その箇所を見つけてアンダーラインを引き，正しく直させる。

③ その後，お互いに直した英文を音読し合う。聞いている方はよく聞いていて，正しく直されていない箇所があればすぐに机を叩いて合図し，相手が答えられないようなら正解を教える。いくつ相手に教えたか，そして，相手から教えられたかを競わせる。

（例）

Sheet A:

> Are you a punctual person or are you seldom late? Everybody knows that some people are careful about time and many people are not. But did you know that the same thing can be said about the same cultures and nations?

Cross-cultural research tells us that countries in Europe, for example, can be divided into three types. "Time-bound" countries, such as the Scandinavian nations, Germany, Greece, and Britain, regard the control of time as important.

（破線部より後半は Sheet B の "Time-blind" countries, such as Italy, ... 以下を正しく直したものを記載しておく）

（答）　seldom → often / many people → others / the same cultures → different cultures / three → two / Greece → Switzerland

Sheet B:

（破線部より前半は Sheet A の Are you a punctual person or ... 以下を正しく直したものを記載しておく）

"Time-blind" countries, such as Italy, Spain, Greece and Britain, are more flexible about time. The pace of life is very different in these two types of society, particularly in urban areas. In a time-bound country, where time is considered valuable, people are encouraged to waste time and to use time profitably. Time-bound societies, on the other hand, do not think of time so strictly. People think that time is elastic. It can stretch or contract as they wish. Time-blind people feel they must hurry through life exactly on schedule.

（答）　Britain → Portugal / urban → rural / to waste → not to waste / Time-bound societies → Time-blind societies / feel → do not feel

言語活動を成功させるために必要なこと

　さまざまな言語活動を行う時，成功のために共通して心得ておく必要があることを以下で4つ紹介します。

1　教室や授業の環境づくり

(1) 物理的な環境づくり

　乱雑で散らかった教室では言語活動はうまくいきません。狭い教室で大勢の生徒が動くからです。机の上や横，床の上，黒板の状態，PCやタブレットといったICTの起動状態等，日ごろの生徒指導と教員の事前準備が欠かせません。

(2) 適切な人間関係の構築と維持

　たとえば，生徒の顔と名前は一刻も早く覚える。基本中の基本です。また，教師は生徒に対して常に毅然とした指導をし，教師と生徒との適切な距離感を保ち（生徒と教師の「タメ口」は不可）ながらも，同時に，受容的かつ寛容な姿勢と態度を貫いて，お互いの信頼関係の醸成に努めることが重要です。

(3) 生徒に関する基本情報の把握

　ひとつのクラスにはさまざまな事情を抱えた生徒がいます。特別支援教育関係の配慮を要する生徒も在籍していることでしょう。言語活動は，多様な生徒たちを動かし，活動させるものです。1人1人の生徒の理解が欠かせません。クラス担任の先生や養護教諭，あるいは管理職とも十分な連携を取りながら，常に生徒に関する最新の情報を入手し，適切な対応ができるようにしておかなければなりません。

2　目的やねらいを明確にし，必要に応じて生徒に理解させる

　それぞれの言語活動には必ずそれぞれの目的やねらいがあります。それらを常に一つ一つ生徒に語って聞かせて納得させる必要はないでしょうが，少なくとも教える側の教師は意識的にそれらの目的やねらいを自覚している必要があります。そして，これも過度に意識するこ

とは不要でしょうが，一つ一つの言語活動がその科目のシラバスや年間指導計画及び評価の中でどのような位置付けになっているのかも当然教師は理解していなければなりません。場合によっては，この活動をやったらどんないいことがあるのかを生徒に理解させ，納得させることで，活動がよりスムーズに進むことも少なくないということも心に留めておきましょう。

3 「学び合う」姿勢を生み出す教室の雰囲気づくり

「学び合う」という雰囲気に満ちたクラスや授業は，それだけで言語活動の大方の成功は保証されたようなものです。具体的には次の4点が，その雰囲気を醸成するために求められるポイントとなります。

・安心して話せるクラスづくり
・自己表現や自己主張を促し，受容する態度
・お互いに良い点を認め合い，かつ，切磋琢磨する態度
・お互いの気持ちに寄り添い，共感する態度

教師は，このような生徒の態度の育成やクラスづくりに心を砕き，取り組んでいく必要があります。

4 中途半端に行わない。最後までやり切る。継続する。

生徒が自分の動きを十分に理解しないまま活動を始めてもうまくいきません。そして，そのような生徒がクラスにほんの一部いるだけでも全体としての活動は中途半端なものになってしまいます。そのようなことのないように，指示は必ず全員に十二分に徹底させることが重要です。指示は簡潔明瞭に。活動は最初が肝心。活動の「肝」となるところでは妥協は許さず，厳しくやらせます。ただし，全体としては「楽しく」。そして，授業時間内で最後までやり切る，あるいは切れの良いところまでは必ず終わらせる。また，活動は仮に毎回でなくても継続的，定期的に行う，途中でやめない，といったことも重要です。

2 音読活動・ディクテーション

1 音読活動・ディクテーションとは何か

　「音読」についての定義は不要でしょう。「ディクテーション (dictation)」とは，英語教育のコンテクストの中で語る時には，英語音声を聞き取り，そして聞き取ったものを紙などに書き取るという英語トレーニング方法のことを意味します。

　音読については実際の言語使用の場面，特に「読み」の場面を想定すれば，自分1人で何かを読んで情報を得たり，楽しみのための読書をしたりする時にわざわざ声を出して読む人は少数派でしょう。音読より黙読の方が，早く内容に目を通せることが理由のひとつと考えられます。実際，音読は言語学習の過程でのみ存在するものであり，なるべく早く黙読の技術を習得するべきだ，とする主張もあります。そして，ディクテーションについては，ていねいにやるととにかく時間がかかってしまい，そのような時間があるのなら別の学習に当てた方がよいという意見もあります。何より，音読にせよディクテーションにせよ，真面目にやると本当に「疲れ」ます。

　それなのに，なぜ音読活動やディクテーションは必要とされるのでしょうか。その答えをいくつか以下に挙げます。

●文字と音声とを結びつける助けとなる

　音読やディクテーションは単語認知を自動化し，音韻符号化および文字の音声化を促します。つまり，「この発音ならこの単語だ」とわかるようになり，また逆に「この単語ならこの発音だ」とわかるようになるということです。

●学習事項の定着を促し，黙読の速度を上げることができる

　学んだことが定着していなければ，スムーズに音読することはできません。実は，黙読している時も，「頭の中で声を出して読んでいる」ことが各種の研究調査や実験でわかっています。学習事項の定着を図りながら音読活動を繰り返し行うことで音読がスムーズになり，黙読の際の頭の中の声のスピードが上がります。つまり，黙読の速度を上げることができるのです。

　ディクテーションの場合も，語彙や文法，あるいは語と語のつながり（コロケーション：collocation）やまとまり（チャンク：chunk）などについて学んだことが定着していなければ，正しく書き取ることは難しいでしょう。ディクテーションの指導を通して，それらの学習事項の定着を促すことができます。

●暗記や暗唱に有効である

　黙読では視覚のみを使いますが，音読では視覚に加えて発声するという行為と，その声を聞くという聴覚も伴います。学習する際に使用する感覚や手続きが多いほど，人間の記憶に定着しやすいことが種々の研究で明らかになっています。

●発音やイントネーション，リズムなどを習得するための練習や契機になる

　発音やイントネーション，リズムなどは英語の基礎技能を構成

するものです。その意味で，音読活動やディクテーションは基礎を養う活動と言えます。

●英語の自然な理解に近づくことができる

音読中はいわゆる「返り読み」はできません。英語を語順のまま理解し，直読直解に近づくことが出来ます。ディクテーションでも，当然英語は頭から聞き取ることになりますので，自然な流れで英文を理解する練習になります。

●生徒の英語学習の動機づけに寄与する

音読活動は，英語の音を自分で出してみる最も簡単で身近な活動です。英語の音をまず実際に自分の口から出してみることで，「英語への扉」が開きます。実際，最初は英語が不得意だった生徒でも，音読をほめられて，それがきっかけで英語を勉強し，得意になった生徒を私は少なからず見てきました。

また，ディクテーションを行うことで，英語を集中して聞くトレーニングになり，この集中力が波及して，全般に学習効果が高まります。「もっと聞き取って書けるようになりたい」とシンプルに思わせる動機づけをディクテーションは生徒に与えることができます。

●speaking 能力の育成に寄与する

たとえば，聞き手を想定しながら口や耳や目や顔の表情全体を使って行う「表現読み」（expressive reading）は，speaking という実際のコミュニケーション活動を行う時に使うものを総動員することになりますので，それだけ自然な言語活動に近い作業になります。

また，この「表現読み」をさせる過程で，物語や対話の面白さ

を楽しませると同時に登場人物の心理を読み取らせたり，行間の読み取りをさせることもできます。そして，会話の時の口調や口語表現にも注意を向けさせ，慣れさせることができます。

●生徒の理解度をチェックできる

　ディクテーションの場合はどの程度正確に書き取れたかが目に見えてわかりますので，チェックや評価は比較的容易に行えます。

　音読の場合，上手に行うためには，音読するものの内容理解が十分に行われていなければなりません。したがって，音読の上手い，下手をみることによって，内容の理解度をある程度見極めることができます。

●その他

　後述する phrase reading を行うことで，意味のまとまり（chunk）を意識した英文の理解や発信につなげることができます。また，重要構文や重要表現などを含む英文の暗記・暗唱へとつなげることができます。

2　音読活動・ディクテーションの具体例

2-1　音読

(1) 音読の種類
A　模範朗読（model reading）

　日本人英語教師や ALT などの肉声による音読，そして CD などの機械を使った音読指導があります。それぞれに長所・短所が

ありますが，いずれにせよ「何のために model reading を行うのか」というねらいや目的をしっかりと意識しておくことが重要です。

B 斉読（chorus reading）

　教師または CD などの後について生徒が一斉に音読することです。実際の言語使用の場面を考えてみますと，このように全員が一斉に声をそろえて読むという状況はあまり考えられないかもしれませんが，何と言っても chorus reading の最大の利点は時間の節約でしょう。たとえば，ひとクラスに生徒の数が40人もいれば，短い授業時間内に生徒全員に個別に音読の機会を与えることは困難です。また，１人で音読することに抵抗がある生徒でも，他のみんなの声につられて一緒に音読できるというよい面もあります。しかし，反面他の生徒に隠れて自分は声を出さなくても済んでしまうという環境を与えてしまうことにもなります。これを避けるためには，たとえば，生徒のリピート後さらにもう一度教師が繰り返して読むようにしてその後再度リピートさせるとよいでしょう。そうすることで，読めなくて読まない生徒にとっては再度確認できることで安心して声を出すことが出来ますし，読めるのに読まない生徒にとっては「（怠けていないで）しっかり音読しなさい。声が出るまでは何度でも繰り返させますよ！」というメッセージを発することになります。

　斉読の際の注意点として，全員で斉読するとどうしても声を出す最初の音が必要以上に強く読まれてしまう傾向があるということです。日本人のしゃべる英語はいつも「私」(I) が強調されている，日本人というのは結構自己主張の激しい人種ではないのか，などと外国の人から言われてしまうのも，案外このような chorus reading を多用する日本の英語授業の教室にその源を発し

ているのかもしれません。

C　めいめい読み（buzz reading）

　生徒一人一人がそれぞれのペースで読む方法です。生徒は chorus reading で練習した読み方をもう一度自分なりに反芻しながら練習することができます。ここで欠かせないのが机間巡視です。教師は生徒の様子を見たり，音読を聞きながら，読めずにつまずいている生徒がいれば助けてやる必要があります。次の段階で「個人読み」（individual reading）を考えているのであれば，この机間巡視の間に，１人で読んでもらう生徒の目星をつけることもできます。

D　個人読み（individual reading）

　生徒に１人で読ませる方法です。一連の音読指導の後の最終的な発表の場とみなすこともできます。その意味で，授業中にこの「個人読み」の採点を定期的に行って評価に組み入れることも可能でしょう。それはまた生徒のパフォーマンス評価にもつながります。音読指導全般を通して言えることですが，特にこの「個人読み」では生徒の音読についてきちんとチェックを入れる必要があります。「とてもこれでは通じない」と思われるような発音や読みの誤りに関しては，かなり細かくかつ厳しくチェックすべきでしょう。そして，すぐにその場で矯正することが重要です。さもないと，誤った音がそのまま生徒に定着してしまいます。必要ならクラス全体を巻き込みながら，何度でも発音練習させてよいでしょう。また，ここで重要なのは，音読指導の最終段階としてあるまとまった分量の英文を生徒の誰かが個人読みで発表する時には，他の生徒はみな教科書を閉じて発表者の音読する英語に耳を傾けなければならないということです。そもそも何かを読ん

で聞かせるのは，それを聞き取ろうとする人がいるからです。誰かが話す言葉がすべて一言一句目で見てわかる状態で音読されたのでは，それを聞き取ろうとする理由はありません。自然な「読み聞かせ」の状態を意図的に作ることが重要です。

(2) 音読指導テクニック集

　以下で具体的な音読指導例を紹介する前に，「発音記号をどうするか」という問題に触れておきます。結論から言いますと，発音記号を体系的かつ網羅的に指導し（つまりは，発音記号をすべて覚え込ませ），かつ，それらを自由に駆使できるよう指導する必要はないと考えます。その第一の理由は，生徒にとってあまりにも負担が重過ぎるからです。第二に，発音記号を覚えたからといって，正しく英語の発音ができるわけでは決してないからです。発音記号を覚えるための時間があれば，もっともっと実際に声を出して発音し，音読し，その「音」を自らの身に染み込ませながら現実にきちんと英語が発音できるようになる努力をする方がずっと生産的だと思います。第三に，発音記号は生徒を混乱させます。たとえば，jet と /dʒét/，out と /áʊt/，mail と /méɪl/。単語そのものの綴りと発音記号の綴りが一致したり，しなかったり，そしてその2つの綴りの間には規則性があるのか，ないのか，……発音記号って一体何なんだろうという疑問をきっと生徒は持つでしょう。

　一方で，実際に教室で発音指導をする際には，何らかの補助的な手段を使うと効率がよい場合もあります。そんな時，私はカタカナを使います。たとえば，war は「ワー」ではなく「ウォー」，cards は「カーズ」ではなく「カーヅ」，「カーズ」の発音では cars になってしまう，などなど（もちろん，アクセントについてはアクセント記号を黄色いチョークで書いて示すなどして別に

指導します）。そして，日本語ではほとんど使われない音に限って，たとえば母音では /æ/ や /ɔ/ など，子音では /f/, /θ/, /r/, /l/ などについては，そのままその発音記号を使って教えます。しかし，これは数も少なく，またあくまでも発音指導上の補助的な手段として用いているに過ぎません。

　では，私の音読指導実践例を以下に紹介しましょう。

★ 1 Chain Reading　レベル：初級

　最初からいきなり長い英文を元気良く音読しなさいと言われても，それは無理というものです。最初は単語1つから始めてみましょう。まずは，全員で "Repeat after me." で音読させます。次に，教室のある縦1列の生徒一人一人に順番に音読させます。そして最後にもう一度その単語について全員で "Repeat (after me)." で締めくくり，次の単語へと進み，同じ要領で今度は別の列の生徒に順々に読ませ，終わったら次の単語へ …… というふうに進めます。単語のレベルがクリアできたら次は句のレベル，そして節や文のレベルへとつなげて行くこともできます。この方法だと，通例クラス全員が単語レベルとはいえ一度は全体の前で個人読みの機会が与えられますし，この手法を毎時継続すると，音読の声が小さかったクラスでも次第にみな声が出るようになります。

★ 2 Phrase Reading　レベル：初級

　ひとつひとつの単語ごとに区切って読むのではなく，チャンクを1つのかたまりとして音読していく方法です。内容理解を伴った音読の基礎となる練習であり，また，速度の練習や，リスニングで意味を取るための練習にもつながります。

　チャンクの作り方について，隈部直光氏は彼の著書『英語教師

Do's & Don'ts』（中教出版，1992，pp. 65-66）の中で詳しくまとめています。その主なものを以下に引用します。スラッシュはそこでいったん区切る（休止をおく）ことを表します。スラッシュを括弧で括った(/)は区切っても続けてもよい，という意味です。

Ⅰ．長い主語の後ろ（動詞の前）は区切る。

Many of the people/ still use their own languages.

The students I teach/ give short speeches every Monday.

Ⅱ．長い目的語の前（動詞の後ろ）は区切る。目的語が接続詞によって導かれる場合，接続詞は後に続けて読む。

I think/ that we should try to save kakapos.

Ⅲ．関係代名詞の前は区切っても区切らなくてもよいが，省略されている場合は，区切らない。

There was a young American(/) who liked adventure.

In 1853/ an American we know well through history books/ came to Japan.（※ an American の後ろは区切らない）

The book he wrote/ was published at last in 1923.

（中略）

Ⅺ．接続詞の前で休み，接続詞は後の語句に続ける。

You'll see/ when you get home.

I asked him/ if he would come with us.

Ⅻ．語句の省略があるところに休止をおく。

Jack was a good pianist; Dan/ a good violinist.

Our house is on the hill/ and theirs/ by the river.

上記のようにまとめると，何だかルールでがんじがらめのような印象を受けるかもしれませんが，実際の授業ではいつもこのようなルールに言及する必要はなく，折に触れて注意すれば，生徒は次第に正しい音読法について慣れていくはずです。

　また，本文テキストをチャンクごとに行を変えてタイプし直し，さらに対応する日本語訳を同じ行の左に記したハンドアウトを事前に作成して，それを使って行う「サイト・トランスレーション」（sight translation）と呼ばれる方法もあります（教科書の教授用指導資料（Teacher's Manual など）にフレーズリーディングシートが入っている場合は，それを活用しましょう）。次のRead and Look up もこのハンドアウトを使って行うとやりやすくなります。

★ 3 Read and Look Up

　最初に教師や CD の範読を聞きます。この際に本文を目で追い，正確に確認します。次に本文から目を離し，反復します。このような方法で意味を考えながら文字を音声化する練習を行います。顔を上げて音読するので姿勢がよくなり声も大きくなります。また，英文の暗記・暗唱へと容易につながりますし，この方法を繰り返すことでチャンクを考えながら文字を見なくても英文を言えるようになります。つまり，speaking への橋渡しにもなります。

　短い英文であれば一気に 1 文まるごと Read and Look up ができますが，長い文はチャンクごとに行います。その点で，この音読方法は上記の phrase reading を基礎とした発展形とも考えられます。

　Read and Look up にはさまざまなバリエーションがありますが，私が多用する方法は，chorus reading と individual reading

を組み合わせた形です。たとえば，"Audrey and her mother were against the Nazis and worked for the Resistance." という文を取り上げるとすると，以下のようになります。

Teacher: Repeat after me, class. "Audrey and her mother."
Students: （教科書を見ながら一斉に読む）"Audrey and her mother."
Teacher: Look up.（と言って，生徒全員が顔を上げたら，すかさず）
　　　　　Takeshi.（一人の生徒を指名する）
Takeshi:（顔を上げたまま教科書を見ずに）"Audrey and her mother."
Teacher: "were against the Nazis."（生徒は教科書を見ている）
Students:（教科書を見ながら一斉に読む）"were against the Nazis."
　　　　　（以下，同様に行う）
Teacher: Look up. Hiroko.
Hiroko: "were against the Nazis."
Teacher: "and worked for the Resistance."
Students: "and worked for the Resistance."
Teacher: Look up. Taro.
Taro: "and worked for the Resistance."
Teacher: All right. Once again. From the top. "Audrey and her mother were against the Nazis."（と今度は前より長いチャンクで練習させる）

このようにして，必要によっては生徒全員 look up して chorus reading で音読させる場面も交えながら行って，最終的にはターゲットとなる 1 文全体を，教科書を見ないでそらで言えるまで練習します。

★4 Backward Chunk Reading

生徒に音読させると，文の始めの部分は比較的大きな声で読むのに，後半では声が途切れて聞こえなくなるような状況がよく生

まれます。こうした問題を克服するために、チャンクごとに文の最後の部分から始めて、次第に前の部分を加えて何度も音読させる方法を backward chunk reading と呼びます。③と同じ一文を例にして具体的な流れを説明しましょう。

Teacher: Repeat, class. "for the Resistance."

Students: "for the Resistance."

Teacher: "and worked for the Resistance."

Students: "and worked for the Resistance."

Teacher: "were against the Nazis and worked for the Resistance."

Students: "were against the Nazis and worked for the Resistance."

Teacher: "Audrey and her mother were against the Nazis and worked for the Resistance."

Students: "Audrey and her mother were against the Nazis and worked for the Resistance."

このように順次前の部分を加えて、文の最後の部分を反復する回数を多くするわけです。私はたまに生徒同士でペアを組ませ、pattern practice の cue を与える要領で、つまり、一方の生徒が他方の生徒の発話の出だしの語句を与えながら、次のようにこのbackward chunk reading を行わせることがあります。（以下の会話例において、Student A は教科書を見ながら出だしの語句のみを与えます。一方、Student B は教科書を見ないで、Student A から与えられた出だしの語句から始めて英文の最後までを発話します。）

Student A: "for the Resistance."

Student B: "for the Resistance."

Student A: "and worked."

Student B: "and worked for the Resistance."

Student A: "were against the Nazis."

Student B: "were against the Nazis and worked for the Resistance."

Student A: "Audrey and her mother."

Student B: "Audrey and her mother were against the Nazis and worked for the Resistance."

cue となる出だしの語数や英文全体の長さなどによってさまざまにレベルを調節できますし，このような方法で行えば最終的には生徒同士での英文の暗記・暗唱を促すことができます。

この backward chunk reading を採用すると，生徒はある程度の長い英文でも途中で途切れることなく確実に読み切れるようになりますし，声も大きく元気になります。ただし，この方法は時間がかかるので，文章全部についてではなく，いくつかの文に絞って行うのが現実的でしょう。

★5 Shadow Reading あるいは Shadowing

教師や CD が読むモデルの後を追いかけるように，文字を見ながら音読していく方法が shadow reading であり，聞きながら文字を見ないで同時にどんどん繰り返して音読していく方法が shadowing と呼ばれます。いずれもかなり発展的な活動であり，究極的には同時通訳者になるためのトレーニング方法としても採用されています。内容の理解を瞬時に行いながら，英語の発音やイントネーション・リズム，そしてスピードに気を配らなければなりません。たとえば，教科書本文のあるセクションや段落全体を扱うとして，次のような手順で行うことができます。

① phrase reading を行う。

② Read and Look up を十分に行う。

③ "Let's read aloud with me." と言って，教科書を見ながら shadow reading を行う。最初は比較的ゆっくりと，2回目

からは少しずつスピードを上げ，3，4回目あたりでは natural speed に近い速さで行う。

④ buzz reading を行い，次の shadowing のための準備練習を行う。

⑤ 生徒は教科書を閉じ（どうしても自信のない生徒は広げたままでも OK。ただし，チラチラ見る程度でがんばろう，と指示する），教師の後について shadowing を行う（3回目くらいにはかなり上手になるはず）。

これらは CD に収録された phrase reading のトラックを使って行ってもよいでしょうが，読みのスピードやチャンクの長さを自由かつ臨機応変に変えられる教師の肉声を使う方が活動はスムーズに進むようです。もちろん，CD と肉声の両方を組み合わせて行うこともできます。また，再生スピードを変える機能を使って，最初は再生速度をノーマルの状態にして shadow reading を行い，徐々に再生速度を上げて練習するという方法もあります。再生速度をかなりの速さにして練習した後，最後にもう一度ノーマルな速度で練習すると生徒はみな一様に，こんなゆっくりな速さで英語を読んでいいのかといった驚きの表情を見せます。一種の「だまし」ですが，生徒を音読のスピードに慣らすといった観点では有効な手段のひとつと言えるのではないでしょうか。

★ 6 Pair Reading

生徒同士ペアを組み，一方が音読している時には他方の生徒は教科書を閉じてその音読に耳を傾けて聞き取るといった方法です。「D　個人読み（individual reading）（p.31）」のところで述べた通り，音読の現実的な意義を踏まえての手法のひとつと言えます。具体的な例としては，第1章の Gap-Filling Reading（p.20）

の例をご覧ください。

　この例のように，何らかのコミュニカティブな課題（task）を含ませることで，音読活動は，知りたい情報をお互いにやり取りするというコミュニケーションの要素を盛り込んだものになります。また，ペアで競争させるというゲーム的な活動にすることで教室が活気づき，生徒が生き生きと取り組むようになります。

2-2 ディクテーション

(1) ディクテーションのタイプ
A 選択タイプ

　これは厳密には「ディクテーション」とは言えませんが，その前段階の基礎トレーニングとして捉えます。聞き取る語句の選択肢を与え，選ばせる practice です。

　たとえば，"The time you enjoy wasting is not the wasted time."という英文を使って，次のように示して聞き取りを行い，選ばせます。

　　The time you enjoy [wasting / wedding] is [no / not] the [waited / wasted] time.

B 1語ごとの穴埋めタイプ

　英文に1語についてひとつ括弧（ 　）を設けて，聞いて書き取るという practice です。

　　The time you enjoy (　　　) is (　　　) the (　　　) time.

C 下線タイプ

　英文に下線部を付して空欄とし，その部分を聞いて書き取るという practice です。

The time _____ is not _____ .

D　全文タイプ
英文全体を丸ごと聞いて書き取るという practice です。

(2) ディクテーションの行い方
A　授業での行い方
用いる題材としては大きく次の5つが考えられます。
・ 前時のあるいはそれ以前に既習の単語や文法事項のみで自作
　あるいは引用した，生徒にとっては初見の英文（sentence）
　もしくはテキスト（passage）を用いる。
・ 未習の単語や文法事項を含む自作あるいは引用した，生徒に
　とっては初見の英文もしくはテキストを用いる。
・ 前時のあるいはそれ以前に既習の教科書本文の英文もしくは
　テキストを用いる。
・ これから学ぶ未習の教科書本文の英文もしくはテキストを用
　いる。
・ 前時のあるいはそれ以前に既習の教科書本文，もしくはこれ
　から学ぶ未習の教科書本文を，言い換えたり要約したりした
　テキストを用いる。

　これらの題材を用いて，具体的なディクテーションのやり方と
して，次の2つを紹介します。

★ 1 Individual Teacher-Student Dictation
　1つ目は教師から生徒に対して行うやり方です。教師（ALT
を含む）の肉声もしくはネイティブの音声が録音された CD など
を使って行います。どちらを使うかはねらいや目的によります。

① まず1〜2回はいきなり書き取らせずリスニングのみとし，全体を聞き取らせる。

② 1回の聞き取りで書き取らせる英文の分量（長さ）は生徒のレベルや英文の難易度等によるが，平均的には音声を3〜5回聞かせて書き取らせる。

③ ペアでお互いにどれくらい書き取れたかを見せ合う（生徒同士で「刺激」を与え合うというねらいで）。修正はここではしないこと。

④ 教師は正答を記した以下の「振り返り sheet」を各生徒に配付し，生徒は各自で確認しながらシートに記入する。

| 振り返り sheet | Date: (／) |

Class (   ), No.(   ), Name: _____

《正答》
 ……

1　正しく書き取れなかった箇所に下線を引きなさい。

2　なぜ正しく書き取れなかったのでしょうか。その理由を以下に書きなさい。

> （例）　・音がつながっていて，単語を区別して聞き取れなかったから。

3　今回気づいたこと，あるいは自分の弱点を以下にまとめましょう。

> （例）　・in an hour は「イナナワ」と発音される。「インアンアワー」とは発音されない。音の連結にまだ慣れていないのが私の弱点！

---

⑤ 教師は「振り返り sheet」を回収し，分析・評価した後，生
　徒にフィードバックをして今後の指導に活かす。

★ 2 Group Dictation 　レベル：中級〜上級

　ペアやグループで行うディクテーションとしてはディクトグロ
ス（dictogloss）などが有名ですが，ここでは少し違った方法を
用いて，生徒がグループを作って行うやり方を紹介します。

① 生徒を 4 名から成るグループに分けて，各グループで 4 つの
　机を合わせる。そして，各グループ内で Student A，B，C，
　D を割り振って決める。

② 教室の前後左右の 4 面の壁に，それぞれ異なった英文あるい
　はテキストの記されたペーパーを掲示する。4 枚のペーパー
　をそれぞれペーパーA，B，C，D とする。

③ Student A はペーパーA，Student B はペーパーB，というふ
　うに担当を決めて，順に 1 人ずつ担当のペーパーが提示され
　ている壁に行き，英文の一部あるいは全部を覚えて自分のグ
　ループに戻り，口頭で他のメンバーに伝えて，他のメンバー
　はその英文を書き取る（＝dictation）。生徒は担当のペーパー
　とグループの間を何度往復してもよい。また，生徒はお互い
　に助け合ってもよいが，口頭で伝える生徒は他のメンバーに
　英語を書いて教えてはいけない。

④ ③をペーパーA，B，C，D すべてについて行う。4 つの英文
　あるいはテキストにストーリー性のあるものであれば，正し
　く並べ替えて，再度全体を見直す。最終的にはグループでひ

とつのテキストを書いてまとめる。

⑤ 教師が2回正答を音読し，各グループは最終チェックを行い，必要があれば訂正する。

⑥ 教師は正答を記した「振り返りsheet」（p.42）を各生徒に配付し，グループ内で確認しながら各自でシートに記入する。

⑦ 教師は「振り返りsheet」を回収し，分析・評価した後，生徒にフィードバックをして今後の指導に活かす。

B　家庭学習での行い方

●素材としては易しめのものを選ぶ

ひとつ下の学年の教科書，あるいは高校であれば中学校の教科書を読み上げた音声を使うとよいでしょう。また，初心者はまずは聞き取りやすい発音の英語で，短めの英文を聞き取って書く練習から始めるとよいでしょう。そこから，徐々にカジュアルなもの（英語の歌や映画やドラマなど）に挑戦していくのがお勧めです。

●同じ英文を繰り返し聞く

何回も何回も繰り返し同じ英文を聞き取ります。途中で止めてはいけません。もうこれ以上無理だというところまで書き取ったら，スクリプトを見て確認し，答え合わせをします。

3　音読活動・ディクテーションの留意点

3-1　音読について

よく問題となることに，音読は授業中のいつ行えばよいのか，といったことがあります。最も一般的には，生徒の教材に対する

内容理解が十分に行われた後，ということになります。そうでなければ，生徒はただ英文の字面だけを追って声を出しているにすぎず，それでは音読はまるで無意味な活動になってしまうというのがその理由です。したがって，通常は授業の最後の方に音読を設定する場合が多いようです。しかし，これまで見てきたように，前時の復習活動として音読を位置づけることも可能であり，その場合音読は授業の最初の方に行います。あるいは，ある程度生徒の家庭での予習が期待できる前提で，授業中は英語によるQ&Aを通して生徒に本文の内容理解を図ろうとするような場合，単語の読みや英文の読み方でつかえていたのではスムーズなQ&Aができませんので，そのようなことが起こらないようにするために，内容理解に入る前にまずざっと本文の音読練習をしておくということなども十分にありえることだろうと思います。大切なのは，今自分は何のために生徒に音読をさせているのかという，そのねらいや目的を常に意識することです。

　上で紹介した活動以外でも，たとえば，教科書本文を生徒が各自自宅で音読したものを IC レコーダーなどに録音させ，提出させる方法などうまくやるととてもよい音読指導になります。録音し一度提出したものは消さないでそのまま残しておきます。そして，それを繰り返します。そうすると，後で聞き直すことができますので，自分の音読の上達の様子が自分自身ではっきりと実感できます。これは生徒にとって何よりも励みになりますし，学習意欲をかき立ててくれることとなります。ぜひ試してみてください。

3-2　ディクテーションについて

　ディクテーションを行うと，どこが聞き取れていないのかが鮮

明にわかりますし，英語を集中して聞き取る習慣が身につきます。また，書き取れたかどうかの答え合わせをする中で自分の実力がわかりますし，自分の弱点も把握できます。たとえば，ディクテーションをすることで自分の苦手な発音を把握することができます。can と can't の聞き取りや l と r の区別，th と s の区別など，自分の弱点を自覚できるようになります。

　一方，ディクテーションは時間がかかる練習ですし，単調で，集中力を必要とするのでとても疲れます。しかし，継続して取り組めば必ず英語の力がつきますので，少しずつでもコツコツと飽きずにあきらめずに続けることが大切です。

　また，ディクテーションは英語の音の特徴や発音を適切に学んでいない状態で行ったり，やり過ぎてしまったりすると，「単語を一つ一つ分けて聞き取ろう」という意識だけを強めてしまうことになり，結果としてリスニング力が伸び悩んでしまうということがあります。たとえば，英語には隣り合う音が連結し合うリエゾン（liaison）という現象があります。"Not at all." は「ノットアット オール」とは発音されず，「ノッタットー」と読まれます（そのように聞こえます）。このことを知らずに何度ディクテーションを行っても，「聞き取れない！」「できない！」という挫折感だけが積み重なってしまいます。そのようなことにならないように，英語の音声の特徴や留意点については適切かつ継続的に粘り強く指導する必要があるでしょう。

3 文法を中心とした活動

1 文法を中心とした活動とは何か

　多くの英語教師は常に心の中で願っているはずです，「文法を知っていると役に立つということを生徒に実感させたい」と。役立つことのひとつは，文法を知っていると，話している相手の，あるいは，読んでいる本の作者の言っていることがよくわかるということ，時には，その相手や作者の微妙な心のヒダまで理解できる，ということです。このことはコミュニケーションの基本であり，あるいは，たとえば大学入試問題のいわゆる長文読解問題にうまく対応するためにも，きわめて有効です。そして，もうひとつには，文法を知っていると自分の言いたいことが正確に効率よく相手に伝えられる，ということです。このことは，大学入試の英作文の問題を解く上で有効であるのはもちろんのこと，たとえば，英語を使って外国の人たちと e-mail などでコミュニケーションをとる上でも役に立ちます。

　ただ，ここで大切なのは，文法を「知っている」というのは単に文法が知識として頭の中に入っているということではないということです。文法を身につけ，具体的に運用できるようになって初めて「知っている」と言えるのです。

　以上が，日本の少なくとも高校までの学校において文法を中心

とした活動を行う意義であり，ねらいです。同時にそれは，「なぜ英文法を学習しなければならないのか」という生徒の質問に対する答えでもあります。ここで，英文法指導の位置づけや重要性についてもう少し深く考えてみましょう。

　まず，コミュニケーションのプロセスについて考えてみましょう。コミュニケーションと文法との関わりは以下のように図示できます。

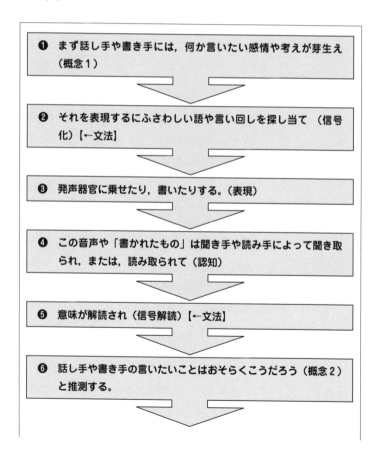

❶ まず話し手や書き手には，何か言いたい感情や考えが芽生え（概念１）

❷ それを表現するにふさわしい語や言い回しを探し当て（信号化）【←文法】

❸ 発声器官に乗せたり，書いたりする。（表現）

❹ この音声や「書かれたもの」は聞き手や読み手によって聞き取られ，または，読み取られて（認知）

❺ 意味が解読され（信号解読）【←文法】

❻ 話し手や書き手の言いたいことはおそらくこうだろう（概念２）と推測する。

> （❶へ返る，あるいは，ここで終結。）

ポイントは以下の3つです。

● 概念1が概念2に近ければ近いほど，コミュニケーションはより適切に成立したということになる。

● 話し手や書き手における言葉の生成過程（❶〜❸）は，聞き手や読み手におけるその解読過程（❹〜❻）と対称形を成している。

● 上記プロセスの❷と❺に関わるのが文法である。

次に，Cummins（1979）によると，外国語を習得するにはある技能・能力が必要であり，それらは次の2つであるといいます。

I　BICS（Basic Interpersonal Communicative Skills）
　　「基本的な対人コミュニケーション技能」
　　　→既知の考えや語彙，文法の繰り返しの使用が基本となる日常的な決まったやりとりに代表される技能のこと。いわば，日常会話的な生活言語のレベル。

II　CALP（Cognitive-Academic Language Proficiency）
　　「認知的学習のための言語能力」
　　　→BICS に比べて習得に時間がかかる，読み書き能力や理論的・分析的なやりとりに代表される能力のこと。いわば，学習言語のレベル。具体的には，たとえば次のような能力のこと。
　　・物事を説明する力
　　・抽象化や一般化の能力
　　・説得力
　　・論理的な文章を読み解いたり，書いたりする力

BICS, CALP いずれにしても文法が関わります。特に CALP の習得のためには文法の習熟が不可欠です。

また，人は自分の母語について 2 種類の知識を持っているといわれます。1 つは事例に基づく知識（exemplar-based knowledge）と呼ばれるもので，もう 1 つは規則に基づく知識（rule-based knowledge）です（Peter Skehan, *A Cognitive Approach to Language Learning,* OUP, 1998. ）。熟達した言語使用者となるためには，この両方の知識が必要です。

●事例に基づく知識（exemplar-based knowledge）
・ "Nice to meet you.", "How do you do?", "Thank you.", "I'm sorry." などに代表される，そのまま丸覚えの表現単位の集合体。
・ その表出や理解において文法的な分析を伴わない。
・ 日常会話において多用される。

●規則に基づく知識（rule-based knowledge）
・ <u>文法規則</u>の知識のこと。たとえば，"The three astronauts are now working outside their spaceship." は丸覚えの表現ではなく，進行形の規則に則って作り出された表現である。
・ <u>言語使用における「創造性」を保証し，人の言語知識の根幹を形成するものである。</u>
・ 頻用される中で「自動化（automatization / automaticity）」され，最終的に事例的知識に転移する場合もある。
　（※「自動化」：意識的な努力をせずに，入力される情報を自動的に処理する能力。また，学習した言語項目を瞬時に使用できる能力。）
最後に指摘しておきたい重要な点は，文法を指導する際，文法

規則には次の2種類ある，ということです。

● 記述的規則：meta-language（言語のしくみを表現するために用いられる「言語」）のひとつ

   （例）　　名詞の複数形の作り方＝「ふつうは s を付けるが，語尾が子音字＋y ならば y を i に変えて es を付ける」

        分詞構文＝「分詞で導かれる部分が主節に対して副詞的修飾機能を持ち，分詞の意味上の主語が主節の主語と一致する場合はその分詞の意味上の主語は表現されない」

つまり，なぜ，どのようにしてそのような表現形式になるのかを説明する時に用いるのが，記述的規則である。

● 処理的規則：意味とその意味を表す表現形式の間の関係を取り持つもの

   （例）　　《赤ん坊2人》という意味は英語で"two babies"という形式で表されるが，この意味と形式の関係づけを処理するのが処理的規則である。

        《When I was walking along the street, I happened to meet Mary.》の表す意味と，同じ意味で別の表現である"Walking along the street, I happened to meet Mary." という形式を関係づけるのが処理的規則である。

要するに，処理的規則は目に見えない頭の中で機能し，その結果として形式としての文や発話が出てくる，と考えられます。つまり，何か言いたいことがあって，それを具体的な形（文や発話）として表に出す時の頭の中にある「回路」のようなもの，それが処理的規則である，と言えます。

生徒が身につけるべきは「記述的規則」ではなく，この「処理

的規則」です。そして，学習者（生徒）がこの処理的規則にアクセスするためには，この意味と形式の関係づけを具体的に体験することが非常に重要です。要するに，前述の「回路」を太くするには「体験」が大事，ということになります。

　以前より中学校の現場において，そして最近では高等学校でも，「形式（form：たとえば「構文」など）に偏重した文法の説明は控えよう」ということをよく耳にしますが，これは記述的規則ではなく処理的規則にもっと力点を置こうということとも解釈されます。もっとも，記述的規則も，形式上の特徴に着目して補助的に活用し，学習者の理解を促すことはできると思います。たとえば，進行形・受動態・現在完了形というこの3つは形式上の特徴が初学者にとっては混同しやすく定着しづらい文法事項ですが，進行形は〈be 動詞 + -ing〉，受動態は〈be 動詞 + 過去分詞〉，現在完了形は〈have/has + 過去分詞〉という記述的規則を示すことで整理を図り，学習を促進することは可能です。

2 文法を中心とした活動の具体例

2-1 基礎編

　まずは，文法を生き生きとした文脈（context）や場面で教えながら確実な習得を促すための基礎となる実践例を紹介します。前述の通り，大事なのは「処理的規則」を生徒に身につけさせることです。そのためには，意味（meaning）と形式（form）の関係づけを具体的な使用場面（use）に即して体験させる必要があります。要するに文法学習とは一種の「体験学習」なのです。そして，生徒にその「体験学習」をさせる際には次の3つの key words があります。

（1）Meaningfulness（意味のある活動）

（2）Usefulness（役に立つ活動）

（3）Plentifulness（豊富な活動）

　これらをしっかり意識して，指導を行うことが重要です。以下で詳しく説明します。

(1) Meaningfulness

A　文脈の中で理解させ，使わせる

　生徒に習熟させたい文法事項は多くあります。そして，それらはいずれもきちんとした理解を通して初めて身につきます。その「理解」のためのひとつの工夫として，ポイントとなる文法を意味のある（meaningful）文脈の中で理解させ，使わせるということがあります。実際，日頃英語教員と生徒が使う検定教科書の多くには，本文中の新出文法事項を含む英文に何らかのマークが施されており，レッスン本文の文脈の中でその文法について説明し，生徒の理解・定着を図る工夫があります。そして，それらの文脈は，生徒の実態に即して教員自らで作り出し，より効果的に生徒に提示することも可能です。具体的には，次の $\boxed{1}$ と $\boxed{2}$ の2つの方法があります。

★$\boxed{1}$　ターゲットとなる文法事項を含む，あるまとまりのある会話文（Dialogue）を事前に用意しておき，授業の際に提示して用いる。　 レベル：初級

　「受動態」の場合を例にすると，次のようになります。

> DIALOGUE ■ *At George's Party* (George: Keiko's friend)
>
> George: What will you do with these pieces of paper, Keiko?
>
>   Keiko: I'm going to do origami. They are folded to make animals, dolls, boats, and so on.
>
> George: Don't you use scissors or paste?
>
>   Keiko: No, they are not used....
>
>   Now, look. I've done it.
>
>   What does this look like?
>
> George: It looks like a crane.
>
>   That's great! It's some art.
>
>   Keiko: Yeah. Actually, origami is often called "paper art."

　この会話文を通して，受動態の基礎に関する生徒の理解を図ることができます。まず，会話文中には次の3箇所に受動態を用いた英文が登場しています。

(a) They **are folded** to make animals, dolls, boats and so on. (ll. 3 - 4)

(b) They **are not used**. (l. 6)

(c) Origami **is** often **called** "paper art." (l. 11)

　それぞれ，受動態のそもそもの存在意義のひとつである「旧情報（代名詞など）から始めて新情報は文末へという「情報の原則」(information principle) に沿って文章の流れをスムーズにし，論理的な一貫性を保つ」というポイントを押さえたものになっており，その点を理解させるにはまことに都合がよいものになっています。そして，これはまさに文脈の提示がなければ，教えられないことでもあります。

　次に，個々に見れば，(a) においては誰が fold するのかは文脈より自明であり，特に言う必要はありません。このように，行為

者を特に明示する必要のない場合には by 〜を省略するのがふつうである，ということを文脈が存在することによって自然な形で教えることができます。併せて，ここで他の by 〜が省略される場合について，解説を加えることもできます。(b) の英文では受動態の否定文の形が導入できますし，併せて，疑問文の形もここで触れることができるでしょう。(c) の英文はいわゆる第 5 文型（S＋V＋O＋C）の受動態の例です。生徒にとってはやや複雑でつまずきやすいところですが，先程の会話文のような文脈の助けを借りれば，理解は容易でしょう。また，この第 5 文型の受動態の提示と併せて，第 4 文型（S＋V＋O＋O）の受動態の導入もここで可能です。

　このように，文法事項を意味のある文脈の中で導入することはとても有効であると思われます。ちなみに，「会話文」を使うと ALT との team teaching が行いやすく，また，生徒もとっつきやすく「乗って」きやすい傾向があります。

★ 2 　文脈をその場ですぐに創り出す。 ［レベル：初級〜中級］

　ターゲットとなる文法事項が，文脈のない独立した 1 文だけで示されることが実際の授業ではよくあります。そのような場合でも，その英文が使われる文脈を教師が当意即妙にその場で創り出し，わかりやすく生徒に伝えることが重要です。たとえば，「文中での副詞の位置」をターゲットとして扱う時，テキストには，

　　　　(a) He didn't die happily.
　　　　(b) Happily, he didn't die.

という英文のペアが示されているだけの場合が多いです。そのような時に，それらの 2 つの英文をただ日本語に訳しておしまいというのではちょっと寂しい。各英文の意味を確認し，それぞれ

の副詞 happily が修飾するものを指摘し，解説をした後で，次の
ような文脈の中で再提示してやると，生徒の理解がぐっと深まり
ます。

> Teacher: Well, my uncle had a traffic accident yester-
> day. He got injured badly but didn't die.
> Which one do you say, (a) or (b)?
>
> Student A: (b)
>
> Teacher: Yes, you're right. You say, "Happily, he
> didn't die." Then, according to today's
> newspaper, the police found a man's dead
> body in a mountain in Nagano. The body
> had been left for a few weeks. Which one do
> you say, (a) or (b)?
>
> Student B: (a)
>
> Teacher: Yes. This time you should say, "He didn't
> die happily."

「このようにひとつの単語 happily が，文の中でどこに置かれ
るかによってひとりの人間（He）が死んだり，生きたりする。
文法を知っているか知らないかで，人間の命が左右されるんだ
ゾ」などとちょっとジョークを交えて話をしてもよいかもしれま
せん。

さて，「理解」の次は「運用」です。英文法に限らず，すべか
らく学習し理解したものはそれらを実際に使ってみて初めてわが
身のものとなります。あるいは，使い続ける中でさらに学習し，
理解が深まります。つまり，理解と運用とを有機的に組み合わせ
る継続的な作業の中で，ものごとは定着するものです。意味のあ
る適切な文脈の中で生徒にどのように練習をさせ，「使わせる」
か，その具体例を次に示しましょう。

たとえそれが仮想の世界ではあったとしても，ある具体的な文脈のある状況の中で文法を使う練習を行った方が，実際の英語使用をより現実的に想定したものとなり，「生きた」活動になるといえます。次の実践例は，①で紹介した会話文の後に続く，受動態の習熟をねらいとした言語活動のひとつです。

★ レベル：初級～中級

　恵子と George が飲み物を取りにテーブルのところに来ると，その上に素敵な花瓶があり，きれいな花が生けられています。必要ならば下で与えられた動詞を使って空所を補い，英文を完成させなさい。

Keiko: Oh, how beautiful these flowers are! And I like the vase, too. It
　　　　(1) _____ of glass, isn't it?

George: Yes, that's right. This vase (2) _____ in
　　　　the Czech Republic* and (3) _____ to our
　　　　home a few weeks ago.

Keiko: I know the country is famous for its glass art. Right?

George: Yes. And these flowers (4) _____ by a
　　　　friend of my mother's. She is Japanese and an expert in flower
　　　　arrangement.

Keiko: No wonder (5) _____

_____ .

George: I agree with you, Keiko .... Oh, hey, that Japanese lady is just
　　　　over there!

Keiko: Watch out, George! The vase ....

(*George's arm hits the vase. It falls onto the floor
and is broken to pieces.*)

arrange,   fold,   make,   send

【注】the Czech Republic: チェコ共和国（ヨーロッパ中部の国。首都は Prague
（プラハ））

（解答例）

(1) is made,　(2) was ［is］ made,　(3) was sent,　(4) were ar-
ranged,　(5) (that) these flowers and the vase look so gorgeous!

補足

▸ (5) は文脈を捉えての自由英作文となる。ペアやグループで
　情報交換しながら会話練習をさせ，最終的には発表やパフォー
　マンステストに発展させ，生徒相互による評価も取り入れる
　とよい。

▸ この会話の後に続く展開をオリジナルの skit として作らせて，
　発表させても面白いだろう。

　また，受動態について言えば，「次の能動態の英文を受動態に
書き換えなさい」という指示のもと，いわゆる「たすきがけ」の
ルールを当てはめて書き換えるだけの機械的（mechanical）なド
リルのみに終始するのではなく，次のような短いとはいえ文脈と
いうものをきちんと意識した練習問題を与えるだけでも，意味の
ある（meaningful）活動となります。

★ レベル：初級

　例にならって，（　）内の語句を用いて受身の文を作りなさい。

　（例）　The school looks very old.　(when / it / build)?
　　　　（答）When was it built?

1. Ms. White is very popular in school.　(she / like / by everybody).

2. What happens to the cars made in this factory?　(most of them / send
　abroad)?

3. A: Last night someone broke into Jane's house.
　B: Really?　(anything / take)?

> 4. A: This classroom is always clean.
>   B: Yes. (it / clean / every day).

（答）　1. She is liked by everybody. / 2. Are most of them sent abroad? / 3. Was anything taken? / 4. It is cleaned every day.

　この，「"mechanical" から "meaningful" へ」という考え方は，コミュニカティブな文法指導を目指す上でひとつの大きな key word となるものです。さらに詳しく，具体的に述べていきましょう。

B　単なる機械的なドリルではなく，意味のあるコミュニケーション活動を行う

★ Information Gap Activity　レベル：初級～中級

習熟させたい文法事項：現在完了形（継続用法），現在完了進行形

① 生徒はペアになってそれぞれ次のカードをもつ。

カード A：（Student A が使用）

Mr. Tanaka				
Ms. Abe	Osaka	8	nurse	10
Mr. Doi				
Ms. Seki	Sendai	10	student	2

カード B：（Student B が使用）

Mr. Tanaka	Tokyo	10	teacher	15
Ms. Abe				
Mr. Doi	Nagoya	15	doctor	18
Ms. Seki				

② 以下のような会話を行いながら，お互いに自分の持っている

カードの空欄の情報を相手から聞き取ってその空欄を埋めていく。

Student A: Where does Mr. Tanaka live?
Student B: He lives in Tokyo.
Student A: How long has he been living [has he lived] there?
Student B: He has been living [has lived] there for ten years.
Student A: What does he do?
Student B: He is a teacher.
Student A: How long has he been teaching?
Student B: He has been teaching for fifteen years.

③ 完成したカードをもとに以下のような英文を書くように指示すれば、ライティングの活動にもなる。

Mr. Tanaka has been living [has lived] in Tokyo for ten years. He has been teaching [He has been a teacher] for fifteen years.

自分の知らない情報を相手から引き出すという意味のあるコミュニケーションを行う中で、ターゲットとなる現在完了形・現在完了進行形をたくさん使える活動になっています。

(2) Usefulness

一般に、英文法を知っていれば、「役立つ」（useful）ことは言うまでもありません。ここでは、英語の授業の言語活動の中で生徒に前述の「体験学習」を行わせる際に、意識しておきたい2つ目の key word として、この "usefulness" があるということです。たとえば、生徒は自分の言いたいことを言うために文法が役に立つ（useful）と実感した時にモチベーションが高まり、また、生き生きとした英語学習が可能となります。例を2つ示しましょう。

★ 1 Self-Expression Practice 〔レベル：初級〜中級〕

　たとえば，to 不定詞と形式主語 it についての習熟をねらいとして，次のような活動が展開できます。

　次の事柄はあなたにとって，〈easy, difficult, impossible, boring, interesting〉のうちのいずれでしょうか。例にならって，〈It is / was / will be ～ for me（not）to ....〉の形で書きなさい。その後，ペアで会話してみましょう。

　（例）　to ask for a date: <u>It is easy for me to ask for a date.</u>

a. to play the guitar: ＿＿＿＿＿＿＿＿＿＿＿＿＿＿＿＿＿＿＿＿

b. to get up early: ＿＿＿＿＿＿＿＿＿＿＿＿＿＿＿＿＿＿＿＿＿

c. to speak English: ＿＿＿＿＿＿＿＿＿＿＿＿＿＿＿＿＿＿＿＿

d. to be an astronaut: ＿＿＿＿＿＿＿＿＿＿＿＿＿＿＿＿＿＿＿

e. to study for three hours at home:

＿＿＿＿＿＿＿＿＿＿＿＿＿＿＿＿＿＿＿＿＿＿＿＿＿＿＿

f. to（自分で考えよう！）:

＿＿＿＿＿＿＿＿＿＿＿＿＿＿＿＿＿＿＿＿＿＿＿＿＿＿＿

---

① 指示文の中の単語の発音と意味を確認する。その後，（例）の説明，a.〜e. のそれぞれの表現の意味を確認し，音読して口慣らしをする。

② それぞれについて，まず各自，自分で答える。

③ ペアを組んで，次の例にならって会話する。
　（例）　A: Is it easy for you to play the guitar?
　　　　B: No, it isn't. It is impossible for me to play the guitar. How about you?
　　　　A: Not impossible, but difficult for me. It is difficult for me to play the guitar.
　　　　B: OK. I see. So is it easy for you to get up early?...

④ 数組のペアに発表してもらう。その際，教師が適宜質問を加

え，さらにコミュニケーションをふくらませることもできる。
また，生徒と教師がペアになって発表しても面白いだろう。

★ 2 Free Choice Substitution Practice 〔レベル：初級〜中級〕

（例）　友だちと交代で次の枠内の語句や自分の考えたことばを用いてやりとり
　　　をしなさい。
生徒 A:

How long Since when	have you been	learning English?
		_____?
		practicing kendo?
		_____?
		wearing glasses?
		_____?
		living in this city?
		_____?
		_____?

生徒 B: I have been _____ .

　　現在完了進行形を使って相手からさまざまな情報を引き出しま
す。下線部には生徒がそれぞれ独自に考えた語句が入ります。
　　（例）　・How long have you been learning sign language?
　　　　　・Since when have you been practicing the piano?
　　　　　・一番下の下線部には，〜ing 以下を自由に考えたもの
　　　　　　が入ります。たとえば，How long have you been
　　　　　　having your pet dog? など
　　相手からの質問をきっかけにして自己表現活動が展開されま
す。生徒 B の答えの後，その内容を捉えてさらに生徒 A が質問
し，会話をつなげて発展させることも可能でしょう。また，会話

の後，得られた情報をレポートに書いてまとめ，発表する活動に
つなげることもできます。

　"usefulness"という key word のもと，例を 2 つ示しましたが，
そもそもの発想を転換して，従来の「文法解説から言語活動へ」
という流れから，それとは逆の「言語活動から文法解説へ」とい
う流れを考えてみてもよいと思います。「言語活動から文法解説
へ」という流れに沿った活動とは，まず，いわゆる task-based
な考え方に基づいて，活動（task）の目標を達成するための手段
を生徒に自由に選択させます。つまり，活動のために使用する文
法はその時のそれぞれの生徒に身についているものを活用させる
ということです。そして，活動終了後に振り返りの中で「言いた
かったけれども言えなかったこと」や「このように言えたらさら
に正確に，あるいは効果的，効率的に伝えられたこと」を整理
し，その中で新出文法事項の導入・解説を行うことで，学習を進
めていくのです。このように行うことで，生徒自身が「文法は役
に立つ（useful）」ことを実感し，まさに「コミュニケーション
のための英文法」を自覚することになります。

(3) Plentifulness

　たくさん（plenty）練習させる，ということです。実は最近こ
の点が一番気になるところでもあります。小学生が「漢字ドリ
ル」や「計算ドリル」と称して我々大人から見ると単純な作業を
延々と繰り返し大量にこなしている姿を見ると，やはりそのよう
な作業からある種の「慣れ」が生じ，それが習熟へとつながって
いるのではないかと感じます。重要なポイントを繰り返し繰り返
し大量に問題演習形式で身につけさせるのも「体験学習」のひと
つだと考えられるからです。先ほど指摘した機械的ドリルも，
plentifulness のねらいをもって戦略的に行えば，有効な学習とな

りうるということです。たとえば，（もちろん生徒のレベルや習熟度にもよりますが，）次のような極めて単純な課題（作業）を設定し，徹底的に大量にやらせるのも重要ではないでしょうか。

★ レベル：初級

次のそれぞれの場合について，例にならい（ ）内の動詞を to 不定詞を使って言い換え，文を完成しなさい。その後，それぞれの英文の意味[訳]を書きなさい。

1. 文中で主語となる場合

（例）　(Tell)　lies is wrong.　→ To tell lies is wrong.

(1)　(Answer)　the question is difficult.

　　→_____

　　［訳］_____

(2)　(Arrive)　on time is important.

　　→_____

　　［訳］_____

(3)　(Keep)　early hours is good for the health.

　　→_____

　　［訳］_____

…（(10) くらいまで与える。（以下同））

2. 文中で目的語となる場合

（例）　Hiroshi wants (go) to London.

　　→ Hiroshi wants to go to London.

(1)　The student refused (show) me the letter.

　　→_____

　　［訳］_____

(2)　We decided (put) off our departure.

　　→_____

　　［訳］_____

(3) Mary and I promised (meet) again the next evening.

→ _____

［訳］_____

…

3. 文中で補語となる場合

(例) My dream is (be) a great pianist.

→ <u>My dream is to be a great pianist.</u>

(1) Our goal is (win) the tournament.

→ _____

［訳］_____

(2) His intention is (study) math.

→ _____

［訳］_____

(3) The best way is for you (make efforts).

→ _____

［訳］_____

…

　また，教材を工夫し，あるいはデザインし直しながら，らせん階段をぐるぐる回るように，生徒に大切なことに何度も触れさせつつ学習を補強し，指導していくスパイラルな学習（spiral learning）を促すことも重要です。たとえば，後述しますが，不定詞，分詞，関係詞などを「後置修飾」という概念でデザインし直してスパイラルで教えるというやり方は有効な方法です。

　以上，文法を習得する上で必須である「意味（meaning）」と「形式（form）」と「使用場面（use）」という３つの要素の関係づけを具体的に体験させ，文法の「処理的規則」を生徒に内在化させるための鍵となる key words を紹介し，説明しました。これら３つの key words はもちろんそれぞれ単独でも機能しますし，また，複数が合わさった活動を設定することも可能です。

（例）　・information gap activity に自己表現の要素を加味する。(meaningfulness + usefulness)

　　　　・free choice substitution practice を大量に練習させる。(usefulness + plentifulness)

2-2　発展編その1

　前述の3つの key words（meaningfulness, usefulness, plentifulness）を含み，意味と形式と使用場面の関係づけを具体的に体験させるための有効な手段のひとつが，「コミュニケーション活動」です。そして，コミュニケーション活動を成立させるために必要な要素は，・生産性（productivity），・想像性（imagination），・創造性（creativity）の3点です。これらの3つの要素を含み，かつ，3つの key words も盛り込まれたコミュニケーション活動の例をひとつ紹介します。

★ レベル：初級〜上級

　過去時制との対比に注意しながら，現在完了形に習熟させることをねらいとして行います。

補足

▶ 「過去時制との対比」とは

　たとえば，日本語では「北海道にはいつ行ったことがありますか」と言うことができることから，生徒は When have you been to Hokkaido? と言ってしまいがちです。もちろん，正しくは When did you go to Hokkaido? と言うべきところです。このような誤りをしないように，過去時制は過去時制として正しく理解しながら，という意味でここでは「過去時制

との対比に注意しながら」といっています。

① 次のワークシート Sheet 1 を生徒に配り，指示（instruction）
　と例（example）にしたがってシートを完成させる。

Sheet 1

1. I have been to _____ before.

2. I have seen _____ before.

3. I have read _____ before.

4. I have heard/listened to _____ before.

【Instruction】

1には「今までに行ったことがあるところで印象に残っている場所」を，

2には「今までに見たことのあるものの中で印象に残っているもの（例：映画や
テレビなど）」を，

3には「今までに読んだことのある本や雑誌その他のものの中で印象に残ってい
るもの」を，

4には「今までに聞いたことのあるものの中で印象に残っているもの（例：
ニュースや音楽など）」を，それぞれの該当箇所の下線部に英語で記入しなさい。

なお，この sheet にはクラス，番号，名前を書いてはいけません。

【Example】

1. I have been to ____Hokkaido_____ before.

2. I have seen ____a shooting star_____ before.

3. I have read ____*Hino-tori* by Osamu Tezuka_____ before.

4. I have heard ____about my parents' marriage_____ before.

---

② 教師は，生徒全員のシートを，奇数と偶数の出席番号別に分
　けて回収し，それぞれをよく混ぜ合わせる。再びシートを今
　度は**奇数**の出席番号の生徒のものは**偶数**の生徒へ，**偶数**の出
　席番号の生徒のものは**奇数**の生徒へ配付する。

▸ 自分の書いたシートが手元にこないようにする。

▸ 生徒には奇数と偶数の出席番号別に教壇の上に重ねてシートを提出させる。奇数のシートの束と偶数のシートの束のそれぞれを混ぜ合わせた後は再び生徒に教壇の上からひとり一枚ずつ上から順に取って，持って行くように指示する。

▸ 自分の手元にきたシートは誰にも見せてはいけないことを告げる。

③ 生徒を全員起立させ，教室内を動きながら，自分の手元にきたシートを書いた人物を探し出すように指示する。なお，その際，以下の（例）のように，"Have you ...?" を用いて 1 〜 4 の各英文について質問し，すべてについて "Yes, I have." の答えを得て初めて，そのシートを書いた本人が特定できたこととする。

（例）　A: Have you been to Hokkaido before?

B: Yes, I have.

A: Have you seen a shooting star before?

B: No, I haven't.

A: OK. Thank you.

B: You're welcome.（そして，A は別の人とまた最初の 1 から質問をしていく）

▸ シートは会話をする相手に見せてはいけない。

▸ お互いに会話を行う際のルールやマナーとして，以下の（ア）〜（ウ）の 3 点に留意させる。

（ア）会話の最後は必ず "Thank you.", "You're welcome." で終えること。

（イ）相手から "No, I haven't." と答えられたら，"OK. Thank you." あるいは，"Sorry. You're not the person I'm looking for. Thank you." と言って，別の相手を探す。

（ウ）相手が 4 つの英文すべてに "Yes, I have." と答えたら，"I think you're the person I'm looking for." などと言って，相手にシートを見せて確認してもらう。

▶ 相手を特定できた生徒は自分の席に戻り，次のインタビューに備えて，質問を考える。

▶ 教師は机間巡視を行い，必要な手助けを行う。

▶ 制限時間を設ける。目安は 5 分程度。それを過ぎてまだ相手が特定できていなければ，それらの生徒に順に全体の前で英文を読み上げさせて特定させる。

④ シートの持ち主を特定した後，次の Sheet 2 を配付し，相手に英語でインタビューをする。最初は偶数の出席番号の生徒がインタビュアーになって，インタビューを行う。次に，奇数の出席番号の生徒がインタビュアーになって，インタビューを行う。

補足

▶ 生徒の実情に合わせて，インタビューを行う前に，質問などを考える準備の時間を与えてもよい。

▶ ペアできちんと机を合わせて，インタビューを行う体勢を整わせてから始める。

▶ 教師は机間巡視を行い，必要な手助けをする。

▶ 制限時間を設ける。目安は偶数と奇数それぞれの生徒で 5 分，合わせて10分程度。

How to have an interview:

① Sheet 1 の 1 ～ 4 の各項目について必ず "When did you …?" の質問をする。

② それ以外にも，"How did you …?" や "Why did you …?" などの質問をして，各項目についてなるべく多くの情報を相手から聞き出す。

③ 上の①，②で相手から聞き出した情報（キーワードなど）は下のメモ欄にメモしておく。

（インタビューの例）

A: When did you go to Hokkaido?

B: I went there three years ago.

A: How did you go there?

B: By airplane.

A: What is your best memory of Hokkaido?

B: Well, I happened to see a fox with its cub running in the field. I will never forget this.

　　…

＊＊＊＊＊＊　メモ欄　＊＊＊＊＊＊

The interviewee's name:（　　　　　　　　　　　）

⑤ 4 ～ 5 名の生徒から成るグループを作って机を合わせる。メモを見ながら，順にインタビューの結果を口頭で発表する。

補足

▶ 制限時間は 1 人 1 分。タイムキーパー役も交代で行う。

▶ 評価シートを作って，自分以外の生徒について次のような観点でお互いに評価させてもよい。

　観点 1 ：発音・アクセント・イントネーションの正確さ

　観点 2 ：語彙や文法のわかりやすさ

観点3：流暢さ

観点4：適切なジェスチャーやアイコンタクト

▶ 教師は机間巡視を行い，必要な手助けを行いながら，次の⑥
で行う全体発表の適任者の目星をつけておく。

⑥ インタビューの結果を，何人かに全員の前で口頭で発表して
もらう。

補足

▶ 各発表の後，次のa.〜c.のfollow-up activitiesを行うとよい。

a. 発表の内容について教師から質問する。

・発表者に対して：

（例）　Have you ever been to Hokkaido?

・聴衆になっている他の生徒に対して：

（例）　What image do you have about Hokkaido?

b. 発表の内容について発表者から，聴衆になっている他の生
徒に対して質問する。

（例）　Do you want to visit Hokkaido?

c. 発表の内容について聴衆になっている他の生徒から，イン
タビューされた生徒に対して質問する。

（例）　If you visit Hokkaido again, what do you want to
do?

⑦ 次の Sheet 3 を配付して，⑤での発表を自分で振り返りながら
インタビューの結果を英語でレポート形式にまとめさせる。

| Sheet 3 | Class (　　　), No. (　　　), Name: _____ |

Report (after the interview)

　I had an interview with (　　　　　　　　　　). _____

_____

_____

_____

_____

_____

_____

_____

_____

_____

_____

【Example】

I had an interview with Keiko. She has been to Hokkaido. She went there three years ago by airplane. Her best memory of Hokkaido is that she saw a fox and its cub. They were running in the field.

She has seen a shooting star there as well. She saw it when she was traveling around Hokkaido. It must have been very beautiful. I want to go to Hokkaido in the future, too!

...

※授業中に書かせるなら，辞書などは使わせず，制限時間を決めて，一気に書かせる。自宅に持ち帰らせて宿題として扱うなら，提出日厳守で辞書などを使わせてじっくり取り組ませてもよい。

⑧ Sheet 3 を回収，点検，評価した後，次の授業で返却する（ALTの助けを借りて，一人一人の生徒に対し何らかのコメントを書き添えてやるとよい）。返却の際，全体に対するコメントなどがあればフィードバックを行う。

2-3　発展編その2

文法指導の key words のひとつである "plentifulness" の説明

のところで，スパイラルな学習（spiral learning）を促すことの重要性について触れました。そして，たとえば，不定詞，分詞，関係詞などを「後置修飾」というくくりで捉え直して習熟を促す方法を提案しました。その具体例となる活動を紹介します。

★ レベル：初級～上級

① 次の Worksheet を生徒全員に配付し，各自で取り組ませる。

Worksheet　Class (　　), No. (　　), Name: _____

(　) の中から適切な方を選んで〇で囲み，下線部は自分の状況に照らして書き換えなさい。

1. I need something (to read / reading) on my journey.

  _____ .

2. I like people (talked / talking) to me frankly.

  _____ .

3. I have a dream (knowing / known) only by a few of my friends.

  _____ .

4. I want to visit the place (which / where) nobody has ever visited.

  _____ .

5. I believe the day will come (which / when) people won't die of cancer.

  _____ .

※下線部は後置修飾の表現をそれぞれ自由に使って書いてよいこととします。

② （　）内から，どちらの単語が適語として選ばれるのかを全体で確認する。必要ならば，解説も加える。

（答）　1. to read / 2. talking / 3. known / 4. which / 5. when

③ ペアを組んでシートを交換させ，相手のシートに書かれてある内容を読ませて，それに関する次の（例）のような質問を英

語でできるだけたくさん相手に投げかけさせ，相手からの返
答をノートにメモさせる。

(例)　Q1. You need something to read on your journey. What
　　　　about a mystery story which has something to do
　　　　with a travel?

　　　Q2. I don't like people talking to me frankly, but you
　　　　say you like the people of that kind. Why do you
　　　　like people talking to you frankly? など

④ 4〜5人から成るグループを作り，メモした内容を参考にペ
アの相手の人物について順に口頭で発表させる。

⑤ 何人かに全体の前で発表してもらう。発表をもとにクラス全
体でコミュニケーションをふくらませ，コメントを加える。

⑥ 各自④，⑤での発表を振り返りながら，ペアの相手を第三者
に紹介するような文章をシートの裏面に書く。

(例)　My partner's name is Takeshi. He is now planning to
go to Kyoto. He needs something to read on his jour-
ney. I have recommended some mystery stories that I
found exciting. While he is staying in Kyoto, I believe
he will make friends with a lot of people there, because
he is friendly and likes people talking to him frankly....

⑦ シートを回収，点検，評価した後，次の授業で返却する（ALT
の助けを借りて，一人一人の生徒に対し何らかのコメントを
書き添えてやるとよい）。返却の際，全体に対するコメントな
どがあればフィードバックを行う。また，シートを印刷して
冊子にすれば，クラスのメンバーを紹介する文集のようなも
のにすることができる。

3 文法を中心とした活動の留意点

　以上に述べてきたことをまとめると，文法を中心とした活動を展開しようとする際に留意すべき点は以下の通りです。

●教師が文法指導の重要性や必要性を認識する。

●生徒が身につけるべき文法規則は「記述的規則」ではなく「処理的規則」である。

●生徒は「意味」(meaning) と「形式」(form) と「使用場面」(use) の関係づけを具体的に体験すること，すなわち「コミュニケーション活動」を通して，その処理的規則を習得できる。

●文法指導のポイントは M.U.P.（Meaningfulness, Usefulness, Plentifulness）。そして，コミュニケーション活動の3要素は P.I.C.（Productivity, Imagination, Creativity）。これらの key words や要素を意識して日々の指導や評価にあたることで，生徒の英語力伸長に寄与することができる。

　文法指導は必要です。そして，「英文法」と「コミュニケーション」は決して対立する概念ではなく，むしろその2つは融合し，高め合っていくものです。そのことは，この章を通してお読みになれば，いわば「通奏低音」のように常に一貫して響いていたことがおわかりになるはずです。改めて，最後にここで確認しておきたいと思います。

　この「第3章　文法を中心とした活動」については，拙著『英語教育21世紀叢書　コミュニケーションのための英文法』（大修館書店，2000.）の中でより詳しく解説・紹介しています。一読していただければ幸いです。

4 語彙を中心とした活動

1 語彙を中心とした活動とは何か

　英語力の伸長のためには語彙力の増強が欠かせません。語彙には，英語を読んだり書いたりする中で必要に迫られて意味や使い方を調べる中で身につくものもありますが，英語の授業等で意図的に語彙の習得をねらいとして指導することで身につくものもあります。ここでは，この後者の「指導」として行われるさまざまな活動を紹介します。

　米山（2011, p. 373）によれば，英語学習者はなるべく早い段階で2000語程度の高頻度の発表語彙（productive vocabulary）を習得すべきだと多くの学者が指摘しているそうです。2000語程度の基本語彙があれば，日常で接する英語の80％が理解できると言います。

　文部科学省が学習指導要領で定める高校3年生までの学習語彙の数は，改訂を重ねるたびに増加し，今では4000語～5000語と言われています。もちろんこれは受容語彙（receptive vocabulary）も含んだ数ではありますが，語彙指導の重要さはますます高まってきていると言えます。

　語彙指導の視点としては主に次の9点があります。

> ◆発音　◆綴り　◆品詞　◆意味　◆語法
> ◆連語（collocation）関係　◆同義語・反義語
> ◆上位語・下位語：（例）animal が上位語で dog が下位語
> ◆語形成：（例）impossible は，形容詞 possible に否定の接頭辞 im- がついたもの

　次に紹介する語彙を中心とした活動はこの9つの視点を取り入れながら，「導入」「定着」「拡充・発展」の各段階での具体的な活動例となっています。併せて，語彙力を高めるための方略に係るその他の活動も最後に紹介します。

2　語彙の導入活動

2-1　教科書などのテキスト（本文）を用いて

★1　リストによる新出語彙の導入　レベル：初級〜中級

① 教師は，テキストから新出語彙を中心にいくつか語句を選び出し，次のようなリストを作成して，生徒数分を印刷し用意しておく。

日本語訳	英単語（語句）	Definition No.
（例）生物学	*biology*	*1*
〜とわかる		
慎重な		
〜を延期する		
【選択肢】（例）*biology*, deliberate, put off, recognize …		

② 教師はあらかじめ英英辞典などを参考に，選択肢の英単語（語句）についてわかりやすい英語で定義を作成し，メモしておく。

③ 生徒に①で用意したリストを配付し，教師がメモしておいた定義を読み上げて，生徒は該当する欄に，選択肢から選んだ英単語（語句）と定義番号（Definition No.）を記入する。教師は定義を読み上げる際に，その番号を言うことを忘れないようにする。（※定義番号を書かせるのは，定義を正しく聞き取って英単語を選び，日本語の意味と対応させているかを確認するためである。）

（例）　Teacher: Now, everyone, I'll tell you the first definition. Definition No. 1 is "the scientific study of living things."

★ 1-1 　発展活動 1 　 レベル：中級～上級

　生徒はペアを組んで，一方が先生役となり，もう片方が生徒役となって①の活動を行う。教師はあらかじめリストを2種類（リストA，リストBとする）用意しておいて，それぞれのリストの英単語（語句）についての定義を記したシート（シートA，シートBとする）も作成し，必要な部数を印刷しておく。ペアの1人の生徒にはリストAとシートBが配付され，もう1人の生徒にはリストBとシートAが配付される。生徒にはまず自分の手元に配付されたシートに記された定義を読ませて，該当する英単語（語句）をテキストから選んでマッチングさせる。その後にペアで先生役，生徒役となって活動を始め，終了したら役割を換えて行う。最後にペアで答え合わせを行い，教師は正解を伝え，解説をする。

★ 1-2 発展活動 2 　レベル：上級

　あらかじめリストに載せる語句の数を定め，各生徒が教師になったつもりで，語句の選定およびリストの作成から定義の作成までのすべてを行う（家庭学習（宿題）となる）。そして，授業では生徒はペアになって，一方が教師役になり，他方が生徒になって，1-1 の手順に沿って同様に行う。

★ 2 　Oral Interaction による新出語彙の導入 　レベル：初級〜中級

　テキストの内容を英語でやり取りしながら導入する Oral Interaction の中で，新出語彙を導入します。

★ 2-1 　実物や絵，イラストなどを用いる

　教室にある実物を示したり，実物を持参したり，教科書に掲載されている絵やイラストなどを利用したり，あるいは教師が自分で黒板に絵やイラストを描いて示しながら行います。なお，抽象的な意味を持つ語彙については，無理に絵やイラストなどで示そうとするよりも，日本語で訳語を与えるなどした方がよい場合もあるでしょう。

★ 2-2 　ジェスチャーを用いる

　たとえば，次のような単語（や表現）を導入しようとする時など，教師が実際にその意味するところを実演して見せます。
　（例）　shiver with cold / high five / bend / blow

★ 2-3 　パラフレーズ（paraphrase）する

　英英辞典等を使ったり，あるいは ALT に別の平易な英語で言い換えてもらったりした英語を生徒に与える方法です。
　（例）　botany=the scientific study of plants

emerge=to come out or appear from inside

　なお，この他の英語での言い換え（paraphrase）は，読解活動全般において効果的な方法です。詳しくは次章で触れます。

★ 2-4 例文を示す

　新出語彙を含む英文を示すことで，文意から該当語彙の意味を類推させます。

（例）　preference が新出語彙だとしたら，次のような例文を
　　　　口頭で与えます。
　　　　→　Of the two kinds of ice cream, my *preference* is for
　　　　　　the strawberry (ice cream).

　これら4つの方法を用いて語彙を導入する時には必ずそれぞれの語の発音練習をさせます。また，確認のために，生徒に各語の意味を日本語で言わせてもよいでしょう。また，この Oral Interaction を終えてから，フラッシュカードや語彙リストなどを用いて再度確認させることでさらなる定着を図ることができます。

★ 3 Guessing（推測）を活用した新出語彙の導入
★ 3-1 文脈（内容）から語句の意味を類推する 　レベル：初級～中級

　このことは母語においては日常的に行われていることであり，英語についても自然に行われるべきであることを生徒に気づかせましょう。

① 次の文章の最後の overt という単語が新出の単語で，生徒にとって未知語であるとします。生徒には文章を読ませる前にまずその語に下線を引かせます。

Of course, the Japanese today are exposed to a lot of information from around the world, more and more Japanese travel abroad, and it is no longer unusual to see foreigners in our cities. As a result, most people know that customs, manners, and behavioral patterns are different from country to country. However, they usually only know about obvious and concrete differences in culture, that is, that part of culture which is called "overt culture."

(*Genius English Readings*, 大修館書店, 1996, "Lesson 10 Overt Culture and Covert Culture," pp. 120-121. より)

② 次の問いと指示を口頭で与えます。

What does "overt" mean? I'll give you two choices, *secret* or *not secret*.（2つの選択肢を板書する）Now, read the passage and choose the correct one.　　　　　　　　　　　　　　　（答）not secret

③ 制限時間を指示し，時間になったらペアで答えを確認し，その後全体で確認します。

★ 3-2 語句 (key words and phrases) から内容を類推する
レベル：中級～上級
① 生徒はペアになり，教科書は閉じる。
② 生徒がこれから読むテキストから，内容的に重要と思われる語句を新出語彙も含めて教師がピックアップして板書する。新出語彙については教師は英語で説明する。
③ ペアで，提示された語句から予想されるテキストの内容を英語で話し合う。その際，箇条書きでメモを取りながら行うとよい。

④ 制限時間（4〜5分）後，ペアでの話し合いをやめ，教師がいくつかのペアを指名して，話し合った内容を聞き取り，黒板に書いてまとめていく。

⑤ 教科書を開き，全員でテキストを実際に読んで，④の板書の内容が正しいかどうか，全体で確認する。

★ 3-3 発展活動 レベル：上級

上記の活動を，生徒4〜5名の小グループを作って行わせ，各グループからそれぞれの予想を全体に発表後，全員で教科書を開いて本文を読み，どのグループが最も正しく予想したかを競わせる。

2-2 その他の導入活動

★ 1 What's That Word? レベル：中級〜上級

① 週末課題として生徒に，その週内に教科書以外で出会って初めて知った単語や熟語・成句などをひとつ選び，英英辞典などを活用してその英語での定義・意味といくつかの例文をノートに書いてくるように指示する。

（例） embrace (v.)

Definition: to take and hold (someone or each other) in the arms as a
sign of love

Sample Sentences:・She *embraced* her son tenderly.

・The two sisters met and *embraced*.

・He was *embraced* by his wife when he came
back home after a long absence.

さらに，定義については，1か所に空所を設けてクイズ形

式にしたものをノートに書いておく。上記の例であれば，た
とえば次のように。

Definition: to take and hold (someone or each other) in the arms as a
　　　　　　sign of (　　　)

　　なお，この「準備」の時点で，単語等の発音については，
生徒はインターネットを活用して調べたり，あるいは週明け
に教師に聞いて確認し，例文も含めて各自音読練習を十分に
行っておく。また，教師は生徒の書いたノートを回収し，必
要な指導や修正を行っておくと学習が深まり，活動もよりス
ムーズに進む。
② 週明けの適切な回の授業で，生徒はペアになり，お互いにそ
の単語や熟語・成句およびそれらを用いた例文を相手に紹介
する。単語・熟語・成句は文字にして相手に見せて発音し，
例文は口頭のみで紹介する。
③ 単語・熟語・成句を紹介された生徒は紹介した相手にいくつ
か質問をしたり，ペアでやりとりをする。なお，日本語の訳
語を与えるのは禁止とする。
　（例）　・What is this word's part of speech? Is this a verb?
　　　　　・Could you say the sample sentences again?
　　　　　・What's the meaning of "tenderly?"
④ 単語・熟語・成句を紹介した生徒は用意してあるクイズ形式
の定義文を相手に見せて，空所を埋めてもらう。英語でヒン
トを出しながら，また，ペアでお互いに英語でやり取りしな
がら正解を導けるとなおよい。終了したら，ペアで役割を換
えて同様に行う。

★1 One More Sentence (for Review Exercises)　レベル：中級～上級

① 生徒に次のシートを配付する。配付するタイミングとしては
単元（課／レッスン）終了後，考査前，学期終了後など，復
習して定着させたいまとまった語彙が確保できる時がよい。
まず，生徒は宿題として，次のシートの「1 Words and
Phrases」に例にならって指定された範囲内のテキスト（本
文）から【　】内に語句を，その下にその語句の説明を英語
で記入する。扱う語句の数はケースバイケースだが，5～10
語句程度が標準である。

※なお，生徒全員に同じ範囲のテキストを指定することもで
きるし，後の授業で生徒3人組のグループA，B，Cを作
るので，範囲を3等分してA，B，Cの生徒がそれぞれ異
なる範囲を受け持つということにしてもよい。

Add one more sentence!

　　Class (　　), No. (　　), Name: _____

　　Group No. (　　)

1 **Words and Phrases:** (textbook, pp. (　　) ～ (　　))

(1) (例)【petrol】

　Petrol burns very easily. People use petrol in cars, trucks, and buses.
Without petrol a car cannot move.

(2)【　　】

...

2 **The sentences to add to the above:**

  (The writer's name: _____)

❶ ...

❷ (例) We buy it at a gas station.

...

3 **Answers:** (The answerer's name: _____)

(例)・(1) - ❷

 ・

...

score:　/　（例：4 / 5（5問中4問が正解））

---

② 教師は①の段階を終了したシートを回収し，点検・修正してから記入者に返却する。その際，クラスで共有すべきポイントをフィードバックする。その後，生徒にA，B，Cを割り振り，Aの生徒同士，Bの生徒同士，Cの生徒同士から成る3人組のグループを作る（生徒数等の関係で3人組でないグループができてしまうのはやむをえない）。生徒は3人組で机を合わせる。

③ 生徒は自分のシートを右隣の生徒に渡し，渡された生徒は名前を The writer's name の右側の下線部に記入後，「2 The sentences to add to the above」に，例にならって取り組み，自作の英文を書き込む（「1 Words and Phrases」の語句そのものは使わないこと）。なお，その際，(2) と❷，(3) と❸というふうに番号を一致させないように指示する（たとえば，(2) の語句についての英文は❹として記入し，(3) については❶として記入するなど）。生徒はグループ内で助け合い，教師は机間巡視をして適宜生徒を支援する。

④ 教師は③の段階を終了したシートを回収し，点検・修正してからグループに返却する。その際，クラスで共有すべきポイントをフィードバックする。その後，今度はグループ A，B，C から 1 名ずつ 3 名の生徒でそれぞれグループを作り，生徒は自分が「1 Words and Phrases」を書いたシートを持って集まり，グループになる。

⑤ 各グループで机を合わせて，自分のシートを右隣の生徒に渡し，渡された生徒は名前を The answerer's name の右側の下線部に記入後，例にならってそれぞれをマッチングさせて，「3 Answers」の欄に記入する。生徒はグループ内で助け合い，教師は机間巡視をして適宜生徒を支援する。

⑥ 教師はシートを回収し，それぞれのシートをすぐに「2 The sentences to add to the above」を担当した生徒に渡す。生徒は答えを点検し，採点する。そして，ひとつ 1 点として，得点を score の欄に記入する。さらに，コメントがあれば空所に記入する。

⑦ 教師はシートを回収し，点検・修正・評価後，すべてのシートを冊子状にまとめて教室に置き，自由に閲覧できる状態にする。生徒は⑥の結果が気になるので，必ず該当のシートを見るようになるし，自然と他のシートにも注意を向けるようになり学習が深まる。ICT 化が進んだ学校であれば，この活動の一連の流れはすべてタブレット端末で行い，情報共有も容易に行うことができるだろう。

★ 2 Let's Prove You Know What It Means　レベル：中級～上級
① 生徒を大きく 2 つのチームに分ける（4 ～ 5 人の小グループにして行ってもよい）。

② ひとつ前の授業（あるいはそれ以前も含めて）に学習した単

語あるいは熟語・成句を教師がひとつ口頭で全体に紹介する。

③ 生徒は，その単語あるいは熟語・成句を用いた例文を自由に
創作して，思いついたら挙手をする。

④ 教師は指名をして，発表させる。英文として正しければ3点
得点できることとする。誤った英文であれば，どこが誤って
いるのかを指摘・解説し，得点は1点とする（誤った英文を
0点としないのは，生徒の積極的な発話を促し，また誤りに
対して受容的な態度をクラスに涵養するためである）。正しい
英文が出てくるまでこれを繰り返す。

⑤ 得点を集計し，優勝チーム（グループ）を発表する。

3-2 その他の定着活動

★1 A Paraphrasing Game Ver. 1 (with A Blackboard)

レベル：中級～上級

① 生徒はペアを組み，全員起立して，一方の生徒Aが黒板を正
面にして立ち，他方の生徒Bが黒板に背を向けて立つ。

② 生徒の既習語彙のいくつか（3～4つくらい）を教師は黒板
に黙って板書する。

③ 生徒Aは板書の語彙のひとつを選んで，その単語や熟語・成
句そのものは言わずに，英語で説明（paraphrase）して生徒
Bに伝える。なお，この時には板書の単語は消して，ペアは
お互いに向かい合って立つ。

（例）　単語：carrot

説明（paraphrase）：It is a vegetable. Its color is orange. It is long. Little
children don't usually like it. It is used in curry and rice. Its juice is not
popular but delicious. I like it very much!

④ 生徒Bが正しく答えられたら，そのペアは着席する。クラスの3/4くらいの生徒が着席したらその回は終了とし，2回目として再び全員起立して，今度は生徒Aが黒板に背を向けて立ち，生徒Bが黒板を正面にして立つ。後は②以降の活動を繰り返す。

⑤ 何度か繰り返した後，全員着席させ以下のシートを配付し，自分が説明（paraphrase）した語彙をひとつ選んで，自分が実際に口頭で説明した内容を振り返りながら，どのように説明するとより簡潔でわかりやすくなるかを考えて英文で書いてまとめる（= the first draft）。その後，シートを自宅に持ち帰り，英英辞典などを活用しながらもう一度まとめ直す（= the second draft）。後日，教師はシートを回収し，点検・修正・評価後，フィードバックを行う。

Paraphrase Sheet　Class (　　), No. (　　), Name: _____

1 **Word or Phrase:** (例)【carrot】

2 **The first draft:**
　(例)　It is a vegetable. Its color is orange. It is long. Little children don't usually like it. It is used in curry and rice. Its juice is not popular but delicious. I like it very much!

3 **The second draft:**
　(例)　It is a long thick pointed root plant eaten as a vegetable. Its color is a mixture of orange and red. Horses and rabbits love it. So do I, especially its fresh juice!

★ 2 A Paraphrasing Game Ver. 2 (with Cards)

レベル：中級～上級

① 授業までに，教師は1枚につき生徒の既習語彙が1つ書かれたカードを作成しておく。6枚のカードを1つのセットとして（この活動の制限時間を何分にするかでカードの枚数は違ってくる。6枚で大体5～10分程度である），生徒のペア数，セットを用意する。なお，すべてのカードにはそれぞれ異なった単語や熟語・成句などが記載されていることとする。

② 授業中，生徒はペアになり，机を合わせて向かい合わせになる。教師から渡されたカードを重ねて，合わせた机の中央に置き，じゃんけんで勝った方が一番上のカードを引き，書かれた単語や熟語・成句を相手に見せず，自分だけ見るようにする。そして，1 A paraphrasing Game ver.1 (with a blackboard) の③の (例) のように，その単語や熟語・成句そのものを言わないようにして，英語で説明（paraphrase）する。

③ 説明を受けている生徒は，その単語や熟語・成句が何であるかわかったらそれを相手に告げる。正解したら，ペアに3点が与えられる。ひとつの単語や熟語・成句の説明にどれくらい時間をかけてもよいが，答えと思った単語や熟語・成句は3回までしか相手に告げられないものとする（3度目で不正解なら，そのカードについては1点として，カードを見て正解を確認し，次のカードに移る）。また，説明がもうそれ以上できなかったり，カードに書かれているものがまったく想像できない場合は，"Give up!" と言って，次のカードに移る。

④ 正解を出すか，ペアで "Give up!" した場合は次のカードに移り，説明役と聞いて当てる役を交替して同様に行う。

⑤ 制限時間が来たら活動を打ち切り，ペアごとに得点を集計する。最高得点獲得ペアを全体で確認して拍手する。ペアでの

得点を毎回記録して累積し，評価につなげたり，週間チャンピオンや月間チャンピオンあるいは学期や年間チャンピオンを決めていくこともできる。また，ここでも，[1] A paraphrasing Game ver. 1 (with a blackboard) の⑤で紹介したようなライティングの活動へと導くと，学習が深まり，定着もより確実なものとなる。

補足

▶ カードは随時追加や破棄を行い，アップデートする。

▶ ペアは毎回異なるセットを使うことができる。

▶ 慣れてくれば，短い制限時間でも，6枚より枚数を増やしてひとつのセットとして，行うことができる。

▶ カードの作成は英語科内の教職員複数で分担・協力して行うとよい。一度作成すれば，科内で共有し，何回でも，どこのクラスでも使い回しをすることができる。

4 語彙の拡充・発展活動

4-1 教科書などのテキスト（本文）を用いて

★ 1-1 Vocabulary Chart 　レベル：初級〜中級

生徒には次のような形で単語帳を作るように指示し，年間を通して取り組ませる。時折，単語帳を回収して点検したり，小テストを行うとよい。

（例）

Lesson 3 （p. 28）					
日本語	Noun	Verb	Adjective	Adverb	✓
平和的に	peace		peaceful	peacefully	
決定的な	decision	decide	decisive	decisively	
成熟	maturity		mature		

※1．テキスト（本文）に出てきた単語には蛍光ペンでマーク
　　　しておく（上記網掛け部）。
　　2．「日本語」欄には蛍光ペンでマークした単語の意味を書く。

★ 1-2 発展活動 　レベル：中級～上級

　上記の単語帳に同義語や反義語を書く欄を設ける，あるいは例
文を書くスペースを設けるなど，その他にも盛り込みたくなる情
報はあるでしょうが，詰め込みすぎると作業量ばかりが増えてし
まいます。この単語帳の作成そのものが最終目的ではありませ
ん。次のような活動を行うことで，具体的に語彙を拡充して身に
つける手立てを講ずるとよいでしょう。
① 生徒はペアを組む。お互いに単語帳を交換する。
② 生徒Ａが（生徒Ｂの）単語帳の「日本語」を読み上げる。生
　　徒Ｂは蛍光ペンでマークしてある英単語を答え，さらに他の
　　派生語（品詞）も「品詞→英単語」の順に答える。
③ 答えがすべて正解だったら，一番右側のチェック欄にチェッ
　　ク（✓）を入れる。
④ 生徒Ａと生徒Ｂの立場を換えて，同様に行う。
　なお，制限時間を決めて，役割交替の合図を入れながら行って
もよいですし，全員起立して活動を始め，あらかじめ単語数を決
めて，終わったペアから着席し，様子を見て全体終了というやり

方もできます。

★ 2 Let's Learn from Examples 〔レベル：中級〜上級〕

① 生徒をあらかじめ3〜4人から成るグループに分けておく。1回の授業でひとつのグループが担当する。いつ，どのグループが担当するかは，あらかじめ決めておく。

② 教師は1人の生徒につきひとつ，テキスト（本文）にある単語や熟語・成句の中から担当するものを指定する。生徒は指定された単語や熟語・成句を使い，次の観点の少なくともひとつに関わって「ここは要注意！」というポイントの表れている英語の例文を作成する（宿題とする）。

　観点：意味 / 品詞 / 語法 / 連語（collocation）関係

（例）　We had a heavy / light *rain* last night.

（※ rain に係る語法・連語関係の要注意ポイントである。「大雨」は × a big rain とは言わないし，「小雨」は × a small rain とは言わない。）

③ 教師は生徒の書いた例文を点検・修正・拡充するなどして指導を加える。その際，生徒の意図や「思い」は十分尊重するようにする（ここでの生徒との話し合いは，「深い学び」へとつながることになる）。

④ 授業が始まる前の休み時間のうちに，その日の担当グループは各自自分の英文を板書しておく。

⑤ 授業開始後，教師は板書の英文について，生徒とやり取りしながら，なぜその単語や熟語・成句を指定したのかという理由も含めて解説する。

補足
▶ 生徒は板書の前にグループ内で話し合ったり，教え合ったり

するとなおよい。

▶ グループ対抗の「例文コンテスト」として,「わかりやすい！」「勉強になる！」などの観点で生徒同士が評価し合うような活動にも結びつけることができる。

▶ 生徒は全員必ず板書の英文はノートに書き取り,蓄積をして,後で振り返って復習できるようにする（できれば別個に専用のノートを用意するとよい）。

4-2 その他の拡充・発展活動

★1 Semantic Map 〔レベル：初級〜上級〕

次のページの(例)のように,特定の語を中心として,それを出発点にして連想される語を次々につなげて書いていく活動。語のネットワークを創作し,語の意味同士がつながり合った「地図」(semantic map) を作り上げる。教師がリードして生徒から引き出しながら行うこともできるし,生徒同士で行うこともできる。また,個人活動として1人で行い,発想の広がりを自ら感じ取りながら語彙を拡充・発展させることもできる。いずれにせよ,適宜,辞書などを使いながら行うと,正確さ（accuracy）が増し,学習も深まる。

なお,この活動の後に writing や speaking の活動を続けて,生徒のアウトプット活動へとつなげることもできる。

★2 One More Sentence (for vocabulary building) 〔レベル：上級〕

p.84の1の活動と同じであるが,扱う語彙を次のように制限(control) あるいは範疇分け（categorize）して行う。

(例)　・動物（animals）に関する語彙

　　　・科学（science）に関する語彙

・日常生活で使う道具や物に関する語彙
・抽象的な意味を持つ語彙

（例）　semantic map（中心の語：school）

5　語彙に関わるその他の活動

5-1　文脈から語の意味を推測する

★ レベル：初級～上級

　特に初学者の生徒はすべての英単語の意味が分からなければ文章は読み取れないと思いがちです。しかし，文脈を手掛かりにして知らない単語（未知語）の意味を推測することは可能であり，辞書などを使わなくても文章の概要や必要な情報は得ることができる場合もあるということを自ら実感させることで，自然な読解力の習得と向上につなげていきたいところです。

　そのための方法として，まず生徒にとって未知語の含まれていない，文章としてもやさしく読める題材を扱う方法があります。たとえば，1学年下の教科書本文や，高校生であれば中学校の

時の教科書本文などを使って，いくつかの単語を架空の単語（nonsense words）に置き換えます。そして，その文章にはいくつか架空の単語が含まれているということを生徒に告げ，そしてその文章を読ませた後，内容理解を問う英問をいくつか与えます。その際，それぞれの英問の正答には必然的にその架空の単語が使われるような問いにしておくのがポイントです。結果，生徒はおそらく教師の期待する正答を導き出すはずです。この活動の体験を通じて，生徒は未知語単独では意味がわからなくても，文脈を理解できれば，文の前後関係からその意味を「大体こんな意味だろう」と類推することができるのだということを学びます。

5-2 辞書使用について

　ここでは，類義語辞典（シソーラス）を利用しながら，生徒各自に辞書使用を自然に促して，語彙に関しての学びを深める活動をひとつ紹介します。

★ 1 シソーラス（thesaurus）を使った活動 [レベル：中級〜上級]

① 類義語辞典（シソーラス）を1冊教師が教室へ持参する。何でもよいので単語を1つ生徒に指定させ，生徒代表ひとりにその単語を同義語辞典で引かせる。そして，引いた単語とその類義語を4〜5つ程度板書し，それぞれの意味の違いや使い方（語法等）の違いなどについて生徒に尋ね，修正や付け加えをしながらポイントを板書してまとめる（「同義語」とはいっても，まったく同じ意味で同じように使われるわけではないということに気づかせます）。

② 既習の教科書本文を利用したり，英文としては誤りを含まない，生徒の書いた文章などを印刷して生徒全員に配付する。

③ ②で利用するテキスト（本文）のキーワードのひとつを指定
　 して全員でマークを付ける。
④ 次の Worksheet を生徒各自に配付して，取り組ませる。

Worksheet〜Find out the best word!〜

　　Class (　　), No. (　　), Name: _____

1 Write down the key word: (　　　　　　)

　Write the words as many as possible which you think have the same
or similar meaning as the key word or of which the key word reminds
you.

_____　　_____　　_____　　_____

_____　　_____　　_____　　_____

2 Look up the key word in a dictionary of synonyms.　Write four syn-
onyms (A〜D) in the parentheses below.　Next to each word, explain the
difference between it and the key word written in 1.　You are recom-
mended to use your dictionaries.

A (　　　　　　)　_____

_____

B (　　　　　　)　_____

_____

C (　　　　　　)　_____

_____

D (　　　　　　)　_____

_____

3 Write down one of the words above (1,2 and the key word) that you
feel best fits the context.　And explain why.

The word you choose: (　　　　　　)

The reason (s): _____

＿＿＿＿＿＿＿＿＿＿＿＿＿＿＿＿＿＿＿＿＿＿＿
＿＿＿＿＿＿＿＿＿＿＿＿＿＿＿＿＿＿＿＿＿＿＿
＿＿＿＿＿＿＿＿＿＿＿＿＿＿＿＿＿＿＿＿＿＿＿

※指示は英語で記したが，生徒のレベルに応じて答えは日本語
　でも可とする。指示の英文も，レベルに応じて日本語で示して
　も可。

⑤ ペアやグループで各自の答えを発表し，話し合い，共有する。
　その後，クラス全体でも結果を紹介し，話し合い，共有する。
　その中で，修正すべき点や大事なポイントは教師がフィード
　バックしたり，整理したりしながら，生徒の学びを深める。

6 語彙を中心とした活動の留意点

　「語彙指導＝暗記」という固定観念が根強くあります。それは
厳しい大学受験を潜り抜け，しかも英語の教師となった者の「宿
命」なのかもしれません。しかし，暗記と「身につく」というこ
とは別物です。この章で紹介した活動はすべて語彙をしっかりと
「身につける」ための工夫を盛り込んでいます。それはひと言で
言えば，意味のある（meaningful）文脈や環境の中で「使わせ
る」，「体験させる」，「考えさせる」ということです。暗記させる
よりも時間も手間暇もかかるかもしれません。しかし，それを覚
悟の上で粘り強く継続してこれらの活動に取り組むと，生徒は確
実に変わります。そして，これらの活動を経験する中で，生徒は
「暗記」することを積極的に捉えるようにもなります。苦痛では
なくなるのです。
　語彙指導の留意点は次の3点です。

● **暗記のみを強いない**

●意味のある文脈や環境を与える

●継続して行う

　そして，目の前の生徒をよく見ることです。暗記が得意な生徒も不得意な生徒もいます。大学を受験する生徒もしない生徒もいます。自分の持っている語彙指導の固定観念に縛られてはいけません。

指導力を高めるために

　英語教師として身につけておきたい基礎的な力は「英語力」と，生徒との「ラポート形成力」。加えて，次の３点に注意です。

1　英語でやり取りする力を鍛える

(1) 英語を使うことをあきらめない，中途半端に英語を使わない

　授業中せっかく英語で話し始め，生徒とやり取りを始めたわけですから，途中であきらめて安易に日本語に切り替えないで，最後まで粘り強く，毅然として英語を使い続けましょう。

(2) 英語で質問し，答える力を教師も生徒も身につける

　授業の上手な先生は，生徒にタイミングよくその時の場面や内容に即し，的を射た質問をします。生徒も聞く一方の受け身の姿勢ではなく，適切に質問をします。ある意味，このような状態を生み出す仕掛けあるいはきっかけが言語活動であると言うこともできるでしょう。

(3) 別の英語で言い換える（paraphrase）力を身につける

　ひとつのクラスには学力差のある生徒が混在しています。自分の話す英語を生徒の反応を感知しながら適切に言い換えて与えることのできる力が求められます。まさに教師の持つ英語力が問われるところと言ってよいでしょう。このような教師の「言い換え」に加えて生徒にも「言い換える力」を身につけさせるためのトレーニングを行うと，生徒の英語力が飛躍的に高まります。

(4) 言い直す力を身につける

　教師も生徒も自分の話す英語に完璧を求める必要はありません。「間違えて当然」くらいの気持ちで「やり取り」を行いましょう。ただし，自分で誤りに気づいたら言い直すこと。そして，生徒にも同じ姿勢で臨んでもらうこと。続けていけばきっと定着します。

2　明るく前向きな気持ちを持つ

　私の尊敬する先輩のひとりに，とても授業の上手な先生がいらっ

しゃいました。大きな舞台での研究公開授業の経験もあり，大学の専門の先生方からもお褒めの言葉を多くいただくような先生でした。

　しかし，私にはひとつ気になることがありました。私や参観者からみて非常にすばらしい授業を何度行った後でも毎回決まってその先生は暗い顔をして「今日は全然だめだった」とおっしゃるのです。生徒の方はどこか緊張感を強いられているような，自然な笑顔の少ない授業でした。

　このような謙虚かつ真摯で，「求道的」な姿勢で授業改善に臨むことは真に立派なことであり，プロたる教師かくあるべしという姿でしょう。私が尊敬する所以でもあります。

　ただ私が言いたいことは，どうか自分を，そして生徒を追い込まないでいただきたい，ということです。「いい加減」ではいけません。しかし，「良い加減」でよいのです。仲間とともに愚痴のひとつもこぼしながら，それでも常に明るく前向きな姿勢で授業に臨んで欲しいと思います。この姿勢が結局は長期にわたって持続的に生徒を引きつけ，自らの指導力を高めることにもつながるのではないでしょうか。

3　生徒に1分でも1秒でも長く活動させる

　英語教師として指導力のある先生とはどのような先生でしょうか。説明や解説の上手な先生でしょうか。テストの結果などで成果をあげられる先生でしょうか。もちろん，それらも重要でしょう。しかし，もっと大切なことがあります。それは，貴重な授業時間の中で生徒にとって意味のある活動に少しでも長い時間取り組ませることです。活動そのものの説明に時間をかけすぎてはいけません。リテリングを例にすれば，リテリングという活動は毎単元行うこととして固定し，そのやり方等の説明は繰り返す必要がない状態にしておけば，活動そのものにかける時間を多く割くことができます。説明は短く，活動を長く，です。

5 読解を中心とした活動

1 読解を中心とした活動とは何か

　「読解」とは「書かれてあることを読んで理解すること」です。もう少し詳しく言うと，「書かれてあること（テキスト）からできるだけ効果的・効率的に求める情報を引き出すこと」です。このことからもわかるように，読解とは決して受け身的な活動ではなく，能動的でアクティブな活動です。なぜなら，そこには常に主体的な推測（guessing）や予測（predicting）があるからです。読み手である自分に理解の確認を問いかけ続け，必要に応じて修正します。読解はテキストとの，あるいはそのテキストを書いた作者との「対話」であるとよく言われますが，対話がまさに能動的でアクティブなものであるのと同様，読解もまた能動的でアクティブなものであると言えます。

　そもそもなぜ私たちは「読む」のでしょうか。読み（reading）の目的やねらいは何なのでしょうか。それは大きく次の3点にまとめられます。

● 「楽しみ」のために読む（Reading for pleasure）
● 情報を得るために読む（Reading for information）
　→新しい情報を得たり，その情報を用いて何かを行ったりするために読む

● 「学習」のために読む（Reading for learning）
　　→「読む」ことを手段として，そのテキストで使用されている言語に習熟したり，適切な読み取り方や鑑賞方法を学ぶために読む

　では，どのように私たちは「読む」のでしょうか。読む方法は大きく以下の4点に分けられます。

● スキミング（skimming）：テキストに素早くざっと目を通して概要や要点を読み取る速読方法
● スキャニング（scanning）：テキストに素早くざっと目を通してある特定の情報を得る速読方法
● 多読（extensive reading）：長めのテキストを主に楽しみを目的として，あるいはそのテキストが書かれている言語の学習のために，あまり細部にはこだわらずにたくさん読む方法
● 精読（intensive reading）：短めのテキストをある特定の情報を得るために，あるいはそのテキストが書かれている言語の学習のために，細部の読解にも留意しながら正確に読む方法

　なお，これらの方法はオーバーラップする部分もあって，たとえば，スキャニングをしながらスキミングも同時に行うということは，日常生活にふつうにあることです。

　読解を中心とした活動とは，これらのことを踏まえながら，読解力の向上を意図して行われる活動のことを意味します。具体的に，読解力を向上させるためにどのような言語活動を行うことができるでしょうか。これが本章の本論になります。

2　未知語を推測する活動

　読解力の向上のためには，未知語があっても臆さずに積極的に意味を類推・推測して読み進む姿勢を身につけることが必要で

す。

　文脈から語の意味を推測することが可能であることを実体験さ
せる活動は第4章の5‐1（p.94）で紹介しましたが，さらにも
う一歩突っ込んで未知語を具体的に推測する活動として以下のよ
うなものがあります。

★ 1 Guess the Meanings!　 レベル：初級～上級
① 生徒はペアを組む。教師は生徒にとって初見の文章が印刷さ
　れているシートを全員に配付する。なお，その際，文章の総
　語数も記載しておく。
② 生徒は個々に文章を読んで（辞書などは使わない），意味のわ
　からない単語にマークする。
③ ペアでお互いにマークした単語について教え合い，2人とも
　わからない単語については次のシートに書き出す。

Guess the meanings!

　　　　　Class (　　), No. (　　), Name: _____

※文章に出てきた順に上から記入すること。

1 unknown word: (　　　　　　)

　guessing and reasoning:

　「　　　　　」という意味だと思う。なぜなら

　_____

　answer:

　正しくは「　　　　　」という意味。

2 unknown word: (　　　　　　)

　guessing and reasoning:

　「　　　　　」という意味だと思う。なぜなら

　_____

---

answer:

正しくは「　　　　　」という意味。

3 …

④ ペアで話し合い，意味を推測できる単語については guessing and reasoning の欄に記入する。推測できない場合は，まず奇数番号（1，3，5…）の単語について最も小さい番号の単語の意味を辞書で調べて answer の欄に記入する。

⑤ もう一度文章を最初から読んで，④の作業を行う。これを繰り返し，奇数番号の単語をすべて終えたら，今度は偶数番号の単語について同様に繰り返す。guessing and reasoning の欄をすべて埋め終えたら，ペアで協力して辞書を引き，answer の欄を埋めていく。

⑥ 教師は一連の活動中，机間巡視をして必要な支援や指導を行うが，同時に，未知語の推測において有用な好例となるもの（正解でも不正解でも）を生徒のシートの中から見つけ出し，授業の最後の方でクラス全体でシェアする。具体的には，その未知語についてどのような理由でそのように推測し，結果はどうであったか，不正解であったなら，どこにその不正解の原因があったのか，などについて全体で話し合い，確認をすることで生徒の読解力の向上につなげる。

⑦ 授業終了後はシートを回収し，点検・修正・評価などを行った上で，次時にフィードバックを行う。

Grellet（1981，p. 38）によると，未知語の意味を推測する際には，その語と文脈との間の以下のような関係性に着目すると推測の手掛かり（ヒント）となることが述べられています（(例)は筆者が書き加えたものです）。

I 「等価性」（equivalence）：未知語の同義語が文章中で用いら

れている。いわば，その未知語は同じ意味で言い換えられた語である。

（例）　the earth ― our *planet*　（以下，斜字が未知語とする。）

Ⅱ「対比性」(contrast)：未知語は文章中の別の語や表現の反対の意味を持つ語である。

（例）　clear ― *ambiguous*

Ⅲ「原因・要因」(cause)：未知語は文章中で述べられていること（＝ある結果）の「原因」や「要因」にあたる意味を持つ語である。

（例）　fire（結果）― *arson*（原因）

Ⅳ「結果」(consequence)：未知語は文章中で述べられていること（＝ある原因）から生まれてくる「結果」の意味を持つ語である。

（例）　lazy at school（原因）― *dismissal* from school（結果）

Ⅴ「目的」(purpose)：未知語の持つ「目的」や「ねらい」が文章中で述べられている。

（例）　We use a *microwave* to shorten the cooking time.（下線部が「目的」）

Ⅵ「説明」や「例示」(explanation / illustration)：未知語の意味が文章中で説明されていたり，その例が示されていたりする。

（例）　The doctor told her husband that she had *leukemia*, a serious disease causing death, what is called, a "blood cancer."（下線部が「説明」）

Ⅶ「一般化」や「特定化」(generalization / specification)：未知語は文章で述べられている一般論の中の特定の一例を表す語であったり，逆に，いくつかの特定の例示が成された後，それらを一般化して述べる語である。

（例） Some people want their bones to be buried under their favorite trees in their gardens after they died. Some want their bones to be scattered from the plane in the sky. Or some want to do the same thing not from the plane but from the boat on the sea. Now we can choose those new ways of *burial*.（下線部が「特定化」）

---

3 英文の構造を理解する活動

　文章を読んで理解するためには，文章（text あるいは passage）を構成する文（sentence）の理解が不可欠です。そして，文の意味を理解するためには，その文の構造（structure）を理解する必要があります。英文法学習の大きなねらいのひとつもそこにあります。以下に，英文の構造を理解するための言語活動をいくつか紹介します。

★ 1 ペアで複雑な構文を読み解くための文法のポイントを話し合う。　　レベル：中級～上級

① 未習の文法事項が含まれていない長文を事前に与えて，単語調べをしたが意味が十分にわからない，あるいは，自信がなくて確認したいと思うような英文にマークをしてくるように指示する。

② 生徒はペアを組み，お互いにマークをしてきた英文について，次の2点について確認し，教え合う。

　・ 主語と述語動詞は何か
　・ 動詞に続く補語や目的語は何か

　その上で，当該の英文の意味について話し合う。それでも結局理解できなかった英文については別にマークをする。

③ 教師はペアでの活動中，机間巡視をして必要な支援や指導を行うが，同時に，クラス全体でシェアしたいような話し合いをしているペアについてはそのペアの名前と話し合いの内容をメモしておく。

④ 教師は②で述べた2点に着目しながら英文の構造を解説する（ここで生徒たちは②での自分たちの結論を確認・修正・評価できる）。特に③でメモした内容については当該のペアを指名して英文の構造をどのように解釈したかを答えさせながら，正しい英文構造の理解を促す。

★ 2 英文にチャンクごとにスラッシュを入れる。

レベル：初級〜中級

　チャンクごとにスラッシュを入れて英文を区切らせる練習は，英文の構造理解の助けになります。実際，この練習を音読活動にもつなげながら，また，英文を返り読みをせず頭から素直に理解させるための訓練ということも含めて，多くの教師が授業で取り入れています。

　ここでひとつ提案したいのは，チャンクという概念を例を示しながら生徒に理解させたら，教師が常に一方的に示すのではなく，生徒に継続的にチャンク分け（つまり，phrase reading）をさせてはいかがでしょうか，ということです。特に，入り組んで複雑な構造を持つ英文については，生徒にはチャンク分けを通して，また 1-②の2点に着目させながら，当該の英文理解に結びつけたいところです。具体的には，生徒にペアを組ませ，お互いにまずひとりで英文をチャンク分けしてからペア活動に取り組ませるという方法があります。

4 cohesion（形式上の結束性）と coherence（意味上の結束性）を把握する活動

　cohesion とは文中あるいは文章中の語（句）や節，あるいは文同士を意味的に関連づける言語形式のことをいいます。coherence と異なり，言語の形式面に焦点がありますので，「形式上の結束性」と訳されます。cohesion を生み出す具体例としては，冠詞・代名詞による指示，置き換え（代用），省略，接続詞や「つなぎの副詞（however など）」があります。たとえば，

・ ある語は前の文の（前方照応）あるいは後ろの文の（後方照応）何を受けているのか。
・ ある語は前の文のあるいは後ろの文の何が置き換えられたものなのか。
・ この文には何が省略されているのか。

などを問うことによって，内容理解が促進されます。

　一方，coherence とは，文章の内容がバラバラではなく，まとまりがあって首尾一貫性がある状態のことを意味します。注意すべき点は，形式上の結束性にはこだわらないということです。たとえば，次の会話は cohesion は見出せませんが，coherence は有しているという例です。

　　　A: Oh, the doorbell is ringing.

　　　B: I'm changing my clothes.

　　　A: OK.

　この会話には cohesion の要素はありませんが，A の最初のセリフは玄関のドアのベルが鳴っていて誰かが家に来たらしいので玄関に出てほしいという意味を含み，次の B のセリフは今，服を着替え中なので出られないという意味，そして，最後の A のセリフはそれを了解したものと解釈すれば，内容面での自然なつながりが生じ，全体として意味上の結束性を持ったテキストとし

て見なされます。このような内容的な一貫性を coherence と呼び，cohesion が「形式上の結束性」と訳されるのに対して，「意味上の結束性」と訳されます。

　大切なのは，意味のある文章は複数の文が形式的あるいは意味的に関連し合って存在していることを考えれば，cohesion にせよ coherence にせよ，文章を読解する上では非常に重要な概念であり，これらに注目することによって，筆者の思考の流れを把握して，スムーズに読み進めることができるということです。cohesion や coherence について行うことのできる活動には，以下のようなものがあります。

4-1　cohesion に関する活動

　簡単にできる活動としては次のようなものがあります。

● ペアで，（不定）代名詞の指すものを確認し合う。自分がわかりにくいと思った（不定）代名詞に下線を引いたり，ここは要注意の（不定）代名詞と思ったものに下線を引く（その理由も述べる）。最後に，ペアで話し合った内容を全体でシェアする。

● 代名詞や，接続詞および「つなぎの副詞」をマスキングした文章を使って，正しい語句を入れさせる。あるいは，テキストにはもともとない接続詞や「つなぎの副詞」を，文意や文脈を読み取って，補わせる。それぞれペアやグループワークなども取り入れながら行う。

● 間違い探しの活動。代名詞や，接続詞および「つなぎの副詞」について，あえて誤ったものを文章中に含ませておいて，それを探して訂正させる。ペアやグループワークなども取り入れながら行う。

● 比較表現を含む文章において，比較級の語句の後の than 以下

が省略されている場合，その省略されている語句は何かをペア
やグループで話し合わせる。

次に，順を追ってしっかりと取り組む活動を見ていきましょ
う。

★1 冠詞による「指示」に焦点を当てた活動 ［レベル：初級〜中級］

① 生徒に次の英文を示す。

　Hiroko lost an umbrella yesterday, and Takeshi brought an
　umbrella this morning.

② 教師は次の問いを与え，生徒はペアで答えを話し合う。

「この文の書き手，あるいは話し手は，タケシが傘泥棒だと主
張していますか。」

③ 生徒の答えを理由も含めて引き出し，次の正解を確認する。

「この文の書き手，あるいは話し手は，2本の傘が同一物だ
と主張していない。それぞれの umbrella の前の冠詞が不定冠
詞であるからである。ただし，その2本の傘は同一物である
ことを暗にほのめかすこともできる。」

④ 教師は生徒に次の英文を示し，今度はどのように解釈できる
かをペアで話し合わせる。

　Hiroko lost an umbrella yesterday, and Takeshi brought the
　umbrella this morning.

⑤ 生徒の答えを理由も含めて引き出し，次の正解を確認する。

「この文の書き手，あるいは話し手は，2本の傘が同一物だ
と主張し，おそらくタケシが傘泥棒であると主張している。
なぜなら，『タケシが今朝持ってきた傘（umbrella）』の前に
は定冠詞が付けられている。これは前に出てきた umbrella す
なわち昨日ヒロコがなくした傘と同じ物を指していることに
なるからである。」

⑥ ペアで教科書の既習のテキスト（本文）を冠詞に注目して読み直す。その際，次の3つの観点で見直して，具体例を1つ以上見つける。
  ・ ①のような例
  ・ ④のような例
  ・ 不定冠詞を定冠詞に，定冠詞を不定冠詞に直すことで，意味合いが異なってくる文章の例
⑦ 異なるペア同士でお互いに⑥の結果を紹介し合い，話し合う。その後，教師がリードしてクラス全体で発表，シェアしながら，必要に応じて解説，修正などのフィードバックを行う。

★ 2 cohesion 全般に焦点を当てた活動　レベル：初級～上級

① 生徒全員にA3版の白紙を配付し，各生徒は紙を縦に使って，一番上にクラス，番号，名前を書いた後，「物語（story）」の出だしとなる1文を英語で書く。
② 制限時間終了後（2分程度），紙を座席の後ろの生徒に回す。最後尾の生徒は次の列の先頭の生徒に渡す。各生徒は①で書かれた英文に cohesion の観点でつながる文を少なくとも1文書き加える。
③ 以降，②を制限時間を徐々に伸ばしながら区切って繰り返し行い，最終回の際にはその旨を生徒に告げ，文章を締めくくるように指示する。
④ 書き上げた用紙を最初の1文を書いた生徒の手元に戻す。そして，各生徒は用紙に書かれた文章を読み，cohesion に着目して不自然な箇所はないかをチェックする。その後，ペアで交換してダブルチェックを行う。
⑤ 教師は用紙を回収し，分析・修正・評価後，次の授業時に返却し，必要なフィードバックを行う。内容面も含めて優秀作

品については全体の前で紹介したり，全員の用紙をまとめて
冊子にして，クラスで閲覧できる状態にしておいてもよいだ
ろう。

4-2 coherence に関する活動

手軽に行える活動としては，次のようなものがあります。

● 教科書などのテキストの中から1文抜いておいたものを読ま
せ，その部分に入る英文を考えさせる。自作させたり，あるい
は，選択肢を示して選ばせてもよい。いずれにせよ，なぜその
1文にしたのか，ペアやグループで議論させる。

● 間違い探しの活動。論理的につながらない，「この英文を削除
すれば筋が通る」という英文をわざと1文入れておいて，生
徒はそれを探し出す。上記同様，なぜその1文にしたのか，
ペアやグループで議論させる。

● 「プラス・ワン」アクティビティ。教科書などのテキストの最
後に続く英文（文章でも可）を創作させる。あるいは文中の適
所に英文を加えさせる。出来上がった文章をペアやグループで
読み合わせ，coherence の観点から分析・評価し合う。

次に，順を追ってしっかりと取り組む活動を見ていきましょ
う。

★ 1 文脈の読み取りに焦点を当てた活動 ［レベル：初級～上級］

① 次の例のように，文脈から読み取って適語を補う設問を何題
か用意する。教師が自作してもよいし，他のテキストを参考
にしてもよい。いずれにせよ，未習語のない，易しい英文を
用意すること。

（例）（1）Keiko played the piano very beautifully. The audience were moved by her (p   ).

  (2) Many people today cannot do without a smart-phone. They seem to be slaves to this (i   ).

    (答) (1) performance (2) invention / instrument

② 生徒にはまず個々に取り組ませた後, ペアで話し合って解答を導き出すよう指示する。

③ 制限時間終了後, 解説を加えながら全体で解答を確認する（なぜそのような答えになるのかという理由や根拠については特に丁寧に確認する）。

④ 教師は教科書の既習のテキストやその他の易しいテキストの写しを用意しておき, 生徒に配付する。生徒はそのテキストを読んで, 文中のどこか1語を空所とすることで①の(例)のような問題を作成することができるかどうか, ペアで検討する。

⑤ 制限時間終了後, 解説を加えながら全体で④の検討結果を確認する。

⑥ 宿題として, 生徒は①の例のような空所を設けることができるテキストを探し出し, 空所にできると思われる単語には付箋などでマスキングした状態で次の授業に持参するように指示する。探し出せなかった場合は, 文章を自作して持ってくるように追加で指示してもよい。

⑦ (次の授業で) ⑥で用意したテキストをペアでお互いに交換し合って読み合い, 正しく空所の単語が推測できたかを確認し合う。その際, なぜその単語を空所としたのかについても話し合い, 議論・評価する。教師は机間巡視をしながら, 全体でシェアすべき例をいくつかピックアップして, 授業終了後そのテキストの写しをとり, 次の授業で全体にフィードバックする。

★ 2 **解釈の広がる読み取り活動** 「レベル：初級〜中級 」

① 次のような対話文を与え，内容を確認する。

校庭での恵子と留学生のリックの会話です。

 Rick: Hi, Keiko. What's the matter?

Keiko: Oh, I'm just a bit worried about next week's exams.

 Rick: (1) How many exams do you have to take?

Keiko: Nine in all.

 Rick: (2) I only have two, Japanese and math. But Japanese is a real
　　　　headache.

Keiko: (3) For me, it's so hard to remember new English words. I need
　　　　a better way to remember things.

 Rick: (4) It looks like we're in the same boat. Well, I have to go study
　　　　now. Take it easy.

Keiko: Thank you. Same to you. See you tomorrow.

---

② (1)〜(4) の文の直前に "Really?" を挿入すると，それぞれで
どのような意味合い（気持ち）が含みとして生まれてくるの
かについて，ペアで話し合わせる。その後，クラス全体で確
認する。(1) を例として全体で確認してから行わせるとよい。

（例）(1) に Really? を挿入すると：

→恵子は来週の試験が心配だと言うが，リックから見れば恵
　子は優秀だし，いつもしっかり勉強しているので，何も心配
　しなくてもよいと思うのだが，という気持ちが込められる。

ちなみに，(2)〜(4) については，たとえば次のような意味合
いが含みとして生じることになる。

・(2) に Really? を挿入すると：

→恵子は９つも試験を受けなければならないのかという，数
　の多さに対する驚きの気持ちが込められる。

・(3) に Really? を挿入すると：

→恵子から見ればリックは日本語は上手だし，日本語の試験で頭を悩ますようなことはないと思っていたのに，本人からそのようなことを聞いて，意外に思う気持ちが込められる。

・(4) に Really? を挿入すると：

→恵子も自分（リック）と同じで，新しい単語を覚えるのに苦労していて，何かよい暗記方法が欲しいと思っているということがわかり，その一致に少し驚いている気持ちが込められる。

　このように，会話文に Really? を挿入することで文章の読み取りがどのように広がり，あるいは深まるのかを生徒に実感させることで，文章の coherence の存在に気づかせることができます。

5 skimming（大意把握読み）と scanning（情報検索読み）の力を高める活動

　この活動では，用いる題材が生徒にとって初見のテキストであることが前提です。また，語彙については，初級の学習者にはなるべく未習語のないテキストの方が skimming や scanning そのものに集中できてよいでしょう。

5-1 skimming の活動

★ レベル：中級～上級

① 2種類の異なったテキストをシート（sheet A と sheet B）にして印刷し，用意する。生徒をペアにして，一方には sheet A を，もう一方には sheet B を配付する。

② 生徒はそれぞれのテキストを読み，その概要をまとめる際に重要と思われる語句（key words）に下線を引き，その後それらを各自のシートの裏面にメモする。

③ ペアでお互いにシートを交換し，裏面のみを見て，そこに書かれてある key words を読んで，全体はどのような内容のテキストなのか，その概要を推測して相手に口頭で伝える。そして，次の観点でペアで答えを伝え合い，話し合う。
　・　概要の推測は的確か
　・　なぜそのように推測したか
　・　なぜその語句を key words と判断したか
　・　正しい概要のまとめはどうなるか
④ いくつかのペアから話し合いの結果を全体に発表してもらう。教師はコメントを加える。
⑤ 教師は用紙を回収し，分析・評価をした後，次の授業で返却する。その際，必要なフィードバックを行う。

その他にも，次のような活動を行うことができます。
●テキストのタイトルと要約文について，それぞれいくつかの選択肢を用意しておき，生徒にテキストを読ませた後，正しいものを選ばせる。あるいは，上級レベルになれば，選択ではなく，それぞれ自分で作らせてみることもできる。
●筆者の主張を短文でまとめたものを TF 問題としていくつか用意しておき，テキストを読ませた後で答えさせる。その際，F（False）の文を T（True）の文に転換させる指示を与えてもよい。
●各段落のトピックセンテンスを同じ内容で言い換えた文や，その段落のタイトルあるいは段落の内容を 1 文で要約したものを順不同で上から並べておいて，テキストを読んだ後で正しく並べ替えさせる。
●本文の概要理解に関する英問を与え，その答えを探しながらテキストを読ませ，答えを確認する。

●特にタスクは設けずにテキスト全体をざっと読ませて，読んだ後で面白かったところ，興味を引かれたところ，難しかったところやわからなかったところなどをペアで話し合って共有する。

上記いずれの活動においても，最後の例のようにペアやグループで話し合わせながら行うと学習も深まります。基本的に，"Think - Pair - Share" の流れがアクティブ・ラーナーを育成するためのコツです。

5-2 scanning の活動

★1

英字新聞や雑誌・書籍などの旅行広告のページや，旅行代理店などが発刊している英語の旅行ガイドブックやパンフレットあるいはインターネットを活用し，まず次のことを想定する。

レベル：中級〜上級

【想定】2人で夏休みにツアー旅行でハワイに行って，さまざまなアクティビティを楽しみながらおいしいものを食べに行きたいと思っている。

そして，生徒はペアになって次のような観点でそれらに目を通し，得られた情報をもとに2人でどのツアー旅行を選ぶか決定する。その後全体発表をして，質疑応答などでコミュニケーションを深める。

【観点】・ 旅行期間は8月1日から8月15日までの間に設定する。

・ 費用は10万円以内。

・ 少なくともスキューバダイビングは楽しみたい。

・ ハワイらしい地元の料理を楽しみたい。

★ 2

英字新聞や英語雑誌のテレビ案内欄（複数のチャンネルの1週間分（あるいはそれ以上））を活用して，次のことが可能かどうかチェックする。　レベル：初級～中級

（例）　・土曜日の夕方か夜に洋画を見たい。

　　　　・日曜日の午前中にニュースや情報番組を見たい。

　　　　・日曜日の午後はスポーツ観戦をしたい。…など

★ 3

英英辞典のページを活用して，scanning して答えを見つけるような質問を与える。　レベル：初級～上級

（例）

· What is the past participle form of the verb "fly?"

· What is a small place where flowers are grown?

· He is good at speaking English.

=He is a (　　　　) English speaker.

Instruction: Fill in the blank with a word used in this page.

以下は，より汎用性のある活動です。

★ 4　レベル：中級～上級

① 2種類の異なるテキストをシート（sheet A と sheet B）にして印刷し，用意する。生徒をペアにして，生徒A には sheet A を，生徒B には sheet B を配付する。

② 宿題として，次の手順で英語の質問を用意してくるように指示する。

　a. シートの文章を読んで，知らなかったこと，新しい発見があったところに下線を引く。また，面白かったところ，興味を引かれたところに波線を引く。

b. a で下線や波線を引いた部分が答えとなるような質問文を作り（数は規定してもしなくてもよい），ノートにメモしてくるように指示する。

（※教師は授業前にノートを回収し，事前に質問についてチェックをして，必要に応じて修正するとよい。）

③ 授業で，教師は生徒 A に sheet B を，生徒 B に sheet A を配付する。配付されたら表は伏せて，テキストはまだ読まないように指示する。

④ 生徒 A が自分が作った質問のひとつを口頭で生徒 B に伝える。生徒 B はその質問の答えを見つけるべく，シートの表を返してテキストを読む。答えが見つかったらそれを生徒 A に告げ，正解を確認する。これを制限時間まで質問を変えて繰り返して行う（1 回につきひとつの質問とする）。

⑤ 役割を交替し，④を行う。

⑥ まず，生徒全員がそれぞれ sheet A と sheet B の両方を持っているようにシートを配布した後，いくつかのペアに全体の前で発表してもらう。生徒 A・B どちらかに質問のひとつを口頭でクラス全体に伝えさせる。ペア以外の生徒全員には，時間制限をしてテキストを読ませ，その質問の答えを見つけさせる。制限時間後，ペアに教師役をやらせて，正解を確認させる。教師は全体の流れを見取りながら，必要に応じて軌道修正をしたり，誤りの修正や，フィードバックなどを行う。

6 「行間を読み取る」活動

　文章を読み解く際，必ずしも字面には表れていない作者の主張や思い，感情などを読み取ること（inference and supposition）で，その文章の理解や鑑賞がより深まり，「読み」が豊かになる

場合があります。この「行間を読み取る」という行為が行われるためには，正確な読解が求められるだけでなく，一般常識や背景知識・情報，あるいは教養や感性などが求められます。

★ 1 　レベル：中級〜上級

① 生徒は 4 〜 5 人から成るグループを作り，机を合わせ，与えられたテキストについて次の観点で英語で質問を作る。その際，教師から質問の具体例を提示するとよい。

　　a. 文章の字面を読めば答えられる質問は不可。

　　b. 作者の隠れた主張やメッセージを問う。

　　c. 暗に読み取れる作者の感情を問う。

　　d. 登場人物の隠れた主張やメッセージを問う。

　　e. 暗に読み取れる登場人物の感情を問う。

　　なお，テキストの選定については，この 5 つの観点で質問を作れるものをあらかじめ決めておくとよい。テキストによっては，質問を作りやすいものと作りにくいものがあるので注意が必要。できれば，複数の教師で事前にテキストを読み合って質問の具体例を出し合いながら，共通理解を得るようにしておくことが望ましい。

② 教師はあらかじめ各グループに付箋を配付し，生徒はその付箋に質問を記入する。また，教師はあらかじめ 1 枚の大きめの模造紙に縦横に線を引いて 4 区画に分けたものをグループ分用意しておいて各グループに配付し，生徒はグループ内で話し合って①の b.〜e. をそれぞれ一区画としておのおのの付箋を貼っていく。その際，同じ内容と思われる質問が書かれた付箋は重ねて貼っていく。

③ 質問が整理できたら質問に番号を振り，一つ一つに皆で考えて答えていく。それぞれの答えは各自メモしておく。

④ 制限時間がきたら生徒を入れ替えてグループを再編成し，1人1枚の質問の書かれた付箋を持って新しいグループへ移動する。持って行く付箋はどの付箋でもよい。また，模造紙に貼り付けられて残っている付箋については，そのままにしておく。

⑤ 新しいグループ内で，各自持ち寄った付箋に書かれている質問を②と同様の手順で整理する。そして，③の活動を行う。その際，最初のグループで導き出した答えと異なる答えになる可能性もあるが，その場合は異なる答えを併記して残しておく。時間に余裕があれば，新しい付箋を持ち寄って，同様にくり返し行う。

⑥ 時間が許す限りグループ替えを行いながら同様の活動を重ねる。この一連の活動中，教師は机間巡視をしながら助言や支援を行う。同時に，全体でシェアしたい質問とその答えについて目星をつけておき，授業の最後で全員に紹介して，解答を確認しながら読みを深める。その際，誤りの修正や，フィードバックを行う。

⑦ 教師は最終回で付箋の貼られた模造紙と答えの書かれたメモを回収し，分析・修正・評価後，次の授業で返却し，必要なフィードバックを行う。特筆すべき Q&A があれば全体に紹介し，解説する。

その他にも次のような活動が考えられます。

●行間の読み取りに関する TF 問題をいくつか教師が作り，加えて生徒にもひとつ作らせる（生徒の作った TF については教師による事前チェックが望ましい）。4〜5人から成るグループを作らせて，その中で話し合いながら T もしくは F と判断した理由も記入しながら解答する。制限時間終了後にグループを

組み替え，各自が前のグループで出した答えを持ち寄って新しい仲間と議論する。その後，クラス全体で解答の確認をする。教師の机間巡視やフィードバックなどについても⑥，⑦と同様に行う。

●文章中で，登場人物の気持ちや作者の主張が表れている部分を探し，ペアで指摘し合う。その際，そのように判断した理由も述べる。

●ある登場人物の独白の形で文章全体を書き換えさせる。

7 critical reading（批評的読み）を促す活動

"critical reading"はふつう「批評的読み」などと訳され，学習指導要領の「思考力・判断力・表現力」を重視しようという流れと呼応しながら注目されるようになった読解方法です。「批評」という訳語がついていますが必ずしも「あら探しをする」というようなマイナス面を意味するものではなく，読み取った内容を主体的に自分の中に取り込みながら，筆者の意見や主張に対して自分なりの考えを持ったり，理解や鑑賞を深めたりするような読みのことを意味します。また，そのような読みは自分の意見や思い・感想の表明や表現につながっていく可能性のある，より主体的，積極的で能動性のある読みだとも言えます。

★ 1 Do You Agree or Disagree? レベル：初級～上級

事実と筆者の意見・感想などを区別しながら，グループで意見交換をし，その後自分の考えをまとめる活動です。

① 教師はテキストの適所（語句，節あるいは文）に次の2つの観点で下線を引いたものを用意して，生徒に配付する。

a. 事実を述べている。

b. 筆者の意見や主張あるいは感想や感情を表している。

（例）

> I have often thought it would be a good thing if we all could suddenly become blind and deaf for a few days in our lives. (1) Darkness would make us more thankful for sight; silence would teach us the joys of sound.
>
> Now and then I have tested my seeing friends to discover what they see. (2) Recently I had a visit from a good friend who had just returned from a long walk in the woods. I asked her what she had seen. (3) "Nothing much," she said.
>
> (*Genius English Course I Revised,* 大修館書店 , 1998, "Lesson 13 Helen Keller, 'Three Days to See'," p. 143. より）

② 生徒はペアを組み，以下のシートを使って，①の b. に該当する下線部を指摘し（No.），なぜそのように判断したのか，その理由（Reasons）も記す。

Do you agree or disagree?

Class (　　), No. (　　), Name: _____

1 **Opinions & Feelings**

No.	Reasons
（例）(1)	筆者が人は人生で数日目と耳が突然不自由になるのはよいことだと思う根拠となる意見だから。

2 **Memos for the Discussion**

---

3 My Opinions or Responses

_____
_____
_____

③ クラス全体で②についての確認を行う。

④ 4〜5人から成るグループを作り，③で確認した筆者の意見・
  感想などについて，自分はどう思うのかを次のフォーマット
  を参考にして話し合う。その際，シートの"2 Memos for
  the Discussion"のスペースを使うとよい。

・I agree / disagree with the writer about No. (　　), because
  _____ .
・I cannot decide to agree or disagree with the writer about No. (　　),
  because _____ .

⑤ 宿題として，シートの"3 My Opinions or Responses"の欄
  を使って，④でのディスカッションを参考にしながら，少な
  くともひとつの筆者の意見あるいは感想に対しての自分の意
  見や感想を英語でまとめてくる。

⑥ 次の授業でシートは教師へ提出し，併せて，数名が⑤でまと
  めた内容について全体の前で1分間スピーチを行う。シート
  とスピーチについて，教師はフィードバックと分析・修正・
  評価を行う。

★ 1-1 発展活動 [レベル：中級〜上級]

 テキスト全体を通して作者は何を意図しているのか，また，作
者はどのような心情や態度で書いたのか，そして，それらは適切
に読者に伝わってきているかなどを生徒に評価させるとさらに
critical reading としての読みが深まる。たとえば，次のような質

問を設定して，$\boxed{1}$の②のシート（p.123）に追加の項目として加えることもできる。

- What is the writer's intention in this text?
  (e.g. informing, teaching, entertaining, etc.)
- What is the writer's attitude in this text?
  (e.g. sympathy, passion, anxiety, criticism, pity, admiration, etc.)
- Do you think the writer's intention and attitude are understood by readers successfully?

★$\boxed{2}$ Express Yourself! レベル：初級〜上級

① 本文読解後，次の形式を使って各自英問を作成する。

---

a. If you were in the same situation as 〜, what would you do?

b. The text / writer / 具体的な（登場）人物など says that 〜. What do you think of this idea?

---

② ①について，ペアでQ&Aを行う。その後ペアで質問を a., b. についてそれぞれ1つ，計2つに絞り込む。

③ 4〜5人から成るグループを作る。その際，ペアは分かれて別々のグループへ入る。各グループで生徒はおのおの②の質問を紹介して，その答えについて議論し，共有する。

④ 再び元のペアへ戻る。ペアで再度②で自分たちの選んだ質問に対する答えについて，③で得た他の答えもお互いに紹介し合い，共有し，議論する。

⑤ 宿題として，④の結果を参考にしながら，自宅で各自自分の答えを英語にまとめて書いてくる。

⑥ ⑤で書いたものは教師へ提出。併せて，数名が⑤でまとめた

内容について全体の前で１分間スピーチを行う。提出物とスピーチについて，教師はフィードバックと分析・修正・評価を行う。

8 読み取った内容を言い換えたりまとめたりして相手に伝える活動

具体的に，ここでは retelling（再話）の活動例を紹介します。retelling と混同されやすい活動として reproduction（再生）がありますが，たとえば，生徒にキーワードを示しておいて，教師が生徒にテキスト本文あるいはその要約に関する質問をしながら，そのまま元のテキスト本文あるいは要約と同じ英文を再生していく作業が reproduction です。つまり，reproduction は基本的に元の英文の文構造は変えずにそのまま発話する，要は「暗唱」です。ただし，その際，教科書等に掲載されている写真やイラストなどを指しながら reproduction を行うと，発話の内容を自分の中に取り込み理解しながら（intake），かつ自分の発話を聞く相手がいることになりますので，「単なる暗唱」ではなくなります。

また，retelling と summary（要約）もよく混同されますが，前者は，特に語数制限などはなく，読み取った内容を自分の言葉で相手にわかりやすく伝える方法であり，基本的には原稿などは見ないで，内容を知らない人に伝えます。一方，後者は，限られた語数で大意や概要を伝える方法です。トピックセンテンスを抜き出したり，トピックセンテンスを自分で作るという作業を含みます。大切なのは，両者いずれにせよ，reproduction と違って，paraphrase（言い換え）を必要とするということです。ここで生徒の paraphrase 力を高めるための活動のヒントを紹介します。

(1) 教師が積極的にテキストをparaphraseしながら解説したり，生徒とやり取りを行う。

(2) paraphraseする英文を指定して，具体的に書き換えさせる。その際に役立つ観点が次の4つである。

●名詞化（nominalization）の解体

（例） Japanese expansion into Hokkaido eliminated a majority of the Ainu population.

→（主語＋動詞に）

Japanese expanded into Hokkaido, and as a result, most of the Ainu people died.

●無生物主語構文の解体

（例） Cloning technology, in the near future, may allow scientists to recreate even dinosaurs.

→（主語を「原因・理由」，人を「主語」に）

Thanks to [Because of] cloning technology, scientists will be able to recreate even dinosaurs in the near future.

●語彙を易しく言い換える

（例） The team that generated the greatest profit looked at the resources at their disposal through completely different lenses.

→（既習の発表語彙へ）

A team looked at what they could use from a completely different point of view and they made the most money.

●長文を2文（以上）で言い換える

（例） The sudden decrease in the percentage of young people and the aging of society caused by the increase in life expectancy are phenomena of these past few years which are causing many problems.

→（内容を整理してまとめる）

Recently, the number of children has kept on decreasing rapidly. On the other hand, people are expected to live longer and longer. As a result, our society is getting older and older. These phenomena have given us a lot of problems.

(3) 次のような Phrase Paraphrasing Sheet を使って取り組ませる。

　　最初のうちは教師が作って慣れさせた後，生徒に作らせてペアやグループで検討，修正などを加えた後で全体でシェアするとよい。

Original Expressions	Paraphrased Expressions	✓
check with her husband	ask her husband if it is OK	
have consequences for another	affect another	
sense a failure of closeness	think that they are not close enough	
...	...	

（以上 (2)，(3) については全英連滋賀大会（2018年）における富永幸先生（滋賀県立膳所高校（当時））の実践例発表レジュメを参考に，萩野が加筆したものである。）

　なお，このような paraphrase に関する設問を定期考査等に盛り込んで，指導と評価の一体化を図ると，より定着が進みます。

このような paraphrase 力を基礎として，retelling の活動が行われます。ここで retelling の意義や意味について確認しておきましょう。そもそも「読む」という行為は頭に入った情報を自分なりに整理することです。retelling は「読んだ内容を自分の言葉で語ること」です。そこには読んで頭に残った情報を再構築する作業が含まれています。よって，retelling という「タスク」は読解と深く結びついているのです。つまり，retelling という，読み取った内容を言い換えたりまとめたりする作業の中で，読解力が鍛えられていくのです。また，retelling で一度相手に伝えた後，文章をもう一度読み，言えなかった表現や使えそうな表現を確認した上で，相手を替えてもう一度伝えるという活動を繰り返していけば，それまでに使えなかった表現を新たに学び，使うことにつながっていきます。すなわち，retelling 活動は表現力やアウトプットのコミュニケーション能力を磨くことにもなるのです。

　以上のことを踏まえて，次に活動の実践例を紹介します。

★1 Stating Differences & Integrating Information
レベル：初級～上級

① 教師はあらかじめ同じテーマ（（例）環境問題，平和問題，ICT についてなど）を扱った異なる内容を持つテキストを4つ（text A, B, C, D）用意して印刷しておく（複数の教科書などを利用するとよい）。なお，テキストの長さは生徒や英文のレベルによって決める。

② クラスを4人ずつのグループに分ける。それぞれのグループで生徒 A，B，C，D を割り振る。そして，生徒 A には text A を，生徒 B には text B を…というように，それぞれ D まで配付する（5人のグループのところは2名が同じテキストを持つ）。

③ 制限時間を定めて各自自分のテキストを黙読し，その後読み取った内容をそれぞれが順にグループ内で発表する。その際，できれば retelling で，難しければ reproduction で発表する。

④ 次に，同じアルファベットの生徒同士（生徒 A なら生徒 A 同士，生徒 B なら生徒 B 同士，…というふうに）1 グループ 4 人ずつ集め，自分たちに割り振られたテキストを深く理解し，内容を伝えられるようにするためにそれぞれのグループで内容理解について確認したり，不明な点や疑問点について話し合わせる。辞書は使用可とする。教師は机間巡視をして必要な手助けを行う。

⑤ ④の結果を受けて生徒は各自，宿題として，自分のテキストについて次の授業で retelling する準備をしてくる（retelling の際は，原稿などは見ないのが原則）。

⑥ 次の授業において，当初の A～D の生徒 4 人でひとつのグループを作らせる。A の生徒から順に⑤で準備してきた retelling を行う。1 人の retelling が終了するごとに，グループ内で質疑応答を行うよう指示する。教師は机間巡視をしながら必要な支援や指導を行い，全体終了後フィードバックや修正・確認を行う。

補足

▶ ⑦ ⑥で得た情報をもとに，各グループで discussion や debate のテーマを決めて，話し合いをさせるとより発展的な活動となる。

▶ ⑧ 宿題として，⑥や⑦の活動の後で，各自自分の retelling の原稿（⑥を受けて修正したもの）や，それに加えて⑦での話し合いを受けての自分の意見や感想などを英語でまとめて書いてくる。

▶ ⑨ ⑧で書いたものは教師へ提出。併せて，数名が⑧でまとめた内容について全体の前で retelling あるいはスピーチを行う。提出物とスピーチについて，教師はフィードバックと分析・修正・評価を行う。なお，回収した提出物については，全員のものをまとめて冊子にして，クラスで閲覧できる状態にしておいてもよいだろう。

9 読解を中心とした活動の留意点

　ここではいわゆる「訳読」と，読解をする材料の中心となる「教科書」について触れたいと思います。

9-1 「訳読」あるいは「英文和訳」について

　私は訳読を行ってよい，あるいはそれが必要な場合は「生徒が英文の文法構造や語彙を理解し，意味を正確に把握しているか確認したい時」だと考えています。ただ，そのような「時」が実際の授業中のいつ，どれくらいあるでしょうか。授業のねらいや優先順位ということと深く関係してきます。少なくとも，「常に訳読ありき」ではないということは含んでおく必要があると思います。同時に，たとえば生徒との英語だけの Q&A で読解の確認を行っている授業を参観すると，何か上滑りをしているような印象を持つことがあります。一つ一つの英問に工夫とねらいが必要であるという別の見方もありますが，生徒が正確にそして深いところまで理解しているかどうかを確認する手段として日本語を使うということはありえることだと思います。

9-2 「教科書」について

　教科書は「教材」です。しかし，また同時に「読み物」でもあります。教師であることを忘れ，一読者になったつもりで，まっさらな気持ちで教科書の本文を読んでみると，自分なりの感想や新しい発見が必ずあります。課によっては感動さえ覚えるものもあるかもしれません。実際，自分でそのような経験をした後で授業に臨み，生徒と向き合い，生徒に語り，伝えれば，きっと生徒の目の輝きも違うはずです。生徒に「読ませる」あの手この手のテクニックも必要ですが，生徒と教師が同じ文章を読むわけですから，いわば同じ土俵に立ってお互いに感想や意見を交換する場面があってもよいのではないでしょうか。そのような意見交換などを通して，「読み」も深まっていくような気がします。そして，教科書「を」教えるということも大切にしたいと思います。単語の発音や意味を正しく押さえる，文法や構文の知識を正しく運用して文の意味を理解する，文章の構成を理解し，文脈を追いながら行間を読み取るなどなど，地味ではありますが，ブロックを積み重ねるように少しずつ，着実に文章を読み込んでいく態度や過程は「読解」の作業においては不可欠です。また，教科書で与えられる言語材料は日本人英語学習者を意識して精選されたものですし，本文の内容も読み込めば読み込むほど味わいのあるものが少なくありません。そのような意味で，まずしっかりと教科書「を」教えるという態度が，特に読解を中心とした指導においては重要だと思います。

6 「発表」や「やり取り」などの話すことを中心とした活動

1 「発表」や「やり取り」などの話すことを中心とした活動とは何か

　話すことを中心とした活動は話す相手がいなければ行えない活動です。その意味で，わかりやすいコミュニケーション活動が可能であり，また，自宅での家庭学習ではなく，授業という場で行う意義の大きい活動でもあります。

　「話すこと」の言語活動を考えた時，そのねらいは機能を軸として次のように整理できます。

(1) 情報や意見などを伝える，あるいは求める活動

(2) 情報や意見などの交換と問題解決の活動

(3) 相手を説得する活動

(4) 相手を楽しませる活動

　具体的な一つ一つの言語活動はこれら4つのねらい，あるいは機能の1つないしは複数を含んでいます。たとえば，スピーチは (1)，(3)，(4) のいずれかのねらい，あるいは機能を持つ言語活動であり，ディスカッションは (1)，(2)，(3) の3つのねらい，あるいは機能を持つ言語活動であると言えます。

　CEFR の Can-do list は，「話すこと」のスキルを "Spoken Production" と "Spoken Interaction" とに二分し，両者を別のカテゴ

リーと捉えています。CEFR を日本向けにローカライズした CE-FR-J もこの二分法を採用し，前者を「発表」，後者を「やり取り」と呼んでいます。

　この章では，この二分法を採用して，以下で具体的なそれぞれの活動例を紹介します。加えて，「話すこと」に係る評価についても最後に留意点として触れます。なお，ディスカッションやディベートなどについては次章で扱いますし，この章で触れる活動は「第 8 章 帯活動」と重なる部分もあるということをあらかじめことわっておきます。

2　「発表」を中心とする話す活動

2-1　レシテーション

★ レベル：初級〜上級

　レシテーション（recitation）とは，「有名なスピーチなどの作品を理解・解釈して，聴衆の前でそれを言葉は変えずに発表すること」です。単に作品を丸暗記して発表することではなく，その内容を深く理解し，まるで自分の作品であるかのように感情を込めて表情豊かに口頭で聞き手に伝えようとする活動です。

　使う題材としては，たとえば，リンカーン，キング牧師，ケネディ，ヘレン・ケラー，チャップリン，オバマ元アメリカ大統領，スティーブ・ジョブズのスピーチなどが英語を学ぶ人のレシテーションの題材としてよいものとされていますが，生徒のレベルや時機に合わせて，長さや難易度も勘案しながら選ぶとよいと思います。

　レシテーションを行う効果やメリットとしては次のようなもの

があります。

● 英語らしい発音，アクセント，イントネーション，リズムが身につく。

● チャンクや文構造が英文の出だしから順に自然な流れで理解でき，そのままスムーズに話せるようになる。

● 優れた作品の文章構成（organization）や論理（logic），あるいは修辞法（rhetoric）を学ぶことができる。

● 英語の非言語的（non-verbal）要素を学ぶことができる。たとえば，スピーチのデリバリー（ジェスチャー，アイコンタクト，表現力など）を学ぶことができる。

● 人前で話すことに慣れることができる。

　次に，レシテーションの指導手順を説明します。題材としてはスピーチを想定します。

① オリジナルの音声を何回も聞かせる

　　→内容や背景などの解説や理解に入る前に，まず素直に「音」として声を捉え，伝わるものを生徒同士でシェアさせましょう。この演説者の心にあるのは「怒り」「悲しみ」「喜び」「楽しさ」などのいずれか，どのようなジェスチャーが想像できるか，伝わってくるメッセージは何か，などについてペアやグループで話し合わせます。

② 意味や内容を理解させる

　　→スピーチの字面の意味や内容だけでなく，演説者についての解説，あるいはそのスピーチが行われた理由や時代背景などについても理解させましょう。そのような深い理解があってこそレシテーションの質も上がります。

③ 少しずつ，真似をして話させる

　　→実際の練習です。さまざまな音読の手法を駆使しながら，

オリジナルの音声と同じ発音，イントネーション，アクセント，リズムで話せるように練習させます。

④ 暗唱させる

→③の練習を繰り返しながら，自宅での練習も指示して，暗唱させます。

⑤ 自分なりのスピーチに変えていく

→暗唱ができるようになったら，自分がこのレシテーションを聞いてくれる人に伝えたいメッセージを考えて，自分なりのスピーチに変えていかせます。その際，シートを用意して，どこをどのように，なぜ変えたのかをメモして，後で提出できるようにしておくとよいでしょう。

⑥ 発表させる

→クラス全体の前で，あるいはグループの中で発表させます。学校や学年で大がかりにイベント化して行うこともできるでしょう。都道府県や民間の団体などがコンテストを催している場合もあります。また，1人ずつビデオや動画に撮って，「映写会」を開いてもよいでしょう。

補足

上記はスピーチを例にとりましたが，それ以外でも詩や歌詞あるいは文学作品なども題材として考えられるところです。それらの場合，次の点にも留意して行うと学習が深まります。

▶ 英語独特の韻（rhyme）に注意させる。

▶ 聴衆として誰を想定するか，あるいは話し手として誰を想定するかを自由に変えて言ってみる。

(例) ・母親 / 父親が自分の子どもに言うように

・校長先生が全校集会で言うように

・テレビのアナウンサーになったつもりで

2-2 スピーチ

(1) 話題（トピック）の与え方

　生徒がそれぞれ話題を自由に選定する方法ももちろんありますが，次のように指定して行う方法もあります。

●教師が生徒全員に共通の話題をひとつ与える。Bで紹介するようなそれ自体単独で話題として成立するものでもよいし，リーディング教材（教科書本文などを含む）を使って，授業で一通り内容理解や音読などが終了した後で，次のような話題を与えることもできる。

　（例）　Do you agree with the writer? And why or why not?

　　また，リーディング教材の内容を十分に理解した後，その作者や登場人物になったつもりで，本文の内容を踏まえながら次の観点でスピーチを行うこともできる。

・　誰が（例：作者が）

・　どこで（例：国連の大会議場で）

・　誰に向かって（例：各国の国連大使に向かって）

・　何の目的で（例：地球温暖化を止める目的で）

●教師があらかじめ以下のような話題をカードに書いて用意しておき，授業では最初にシャッフルした後，生徒一人一人にカードを引かせて話題を与える。

・　Please tell us about your favorite pastime.

・　Please tell us about your future plan.

・　Please tell us about the worst time you've ever experienced. など

●空箱もしくは紙袋を用意しておき，生徒にはカード状にした白紙の紙を何枚か配付する。生徒はその紙に「このような話題で話をしたい」とか「このような話題で仲間の感想や意見を聞き

たい」と思う話題を自由に何枚でも記入して，書いた内容が見えないようにその紙を折りたたみ，箱や紙袋の中に入れる。その後，生徒は順にくじを引くように折りたたんだ紙を1人1枚選んで，取り出す。その紙に書かれた話題でスピーチを行うが，どうしても別の話題で行いたいと思った場合は，もう1回に限り別の紙を選ぶことができる。

(2) スピーチの形式と指導手順

★1 Prepared Speech（準備型スピーチ）　レベル：初級～上級

前もって原稿を準備できるスピーチです。以下は，私オリジナルのお薦めの方法です。

① 生徒は設定した話題に基づいてスピーチ原稿を書く。その際，次の2点についてのみ絞って書く。

・ 伝えたいこと
・ なぜそのように言えるのか，あるいは，なぜそのことを伝えたいのか

　なお，聴衆はクラスメイトとする。スピーチの長さは3分を想定する。また，この最初の時点で，最終的なスピーチにおいては何が評価されるのかという評価項目や評価の観点を生徒には周知させる（後述の「4「発表」や「やり取り」などの話すことを中心とした活動の留意点」参照）。

② 教師は（ALTや同僚などと協力しながら）原稿に目を通し，文法や語彙などの言語面と原稿の長短についてチェックする。

③ 生徒は原稿を返却された後，自宅などで練習する。スピーチ原稿は暗記を原則とする。

④ 授業において①の評価の項目や観点を確認した後，生徒全員壁に向かって立ち，自分の発音や視線，表情などを意識して4分間の個人練習を行う。その後，教師の指示で全員教室の

中央に体を向けて 3 分間同様に練習する。

⑤ スピーチ発表本番である。それぞれのスピーチについて生徒は全員で評価シートに基づいて評価を行う。なお，評価シートでは次の 2 点については必ず書かせる。

・ このスピーチで話し手の○○さんが伝えたかったことは何か。

・ ○○さんがそのように言える根拠は何か，あるいは，なぜそのことを私たちに伝えたかったと思うか。

初級では日本語で，中級〜上級では英語で書かせる。

⑥ 評価シートを回収し，話し手の生徒に渡す。授業後，生徒はシートをもとに各評価項目や観点に係る数値評価の集計を行い，併せて⑤での記述をもとに，必ず書くべき 2 点についてそれぞれ何パーセントの生徒に伝わっていたかについて自分なりに数値化する。（これらを記述する「集計シート」を教師は別途用意しておく。）

⑦ 評価シートと集計シートを教師は回収して分析し，参考にしながら各生徒について評価を行い，必要に応じてフィードバックを行う。

★ 2 Half-Prepared Speech（その場で準備するスピーチ）

レベル：中級〜上級

話す題目（トピック）が決定した後に，数分から15分程度の準備時間が与えられ，簡単なメモなどができるスピーチです。たとえば，マインドマッピングやブレーンストーミングをする機会を設け，場合によってはペアやグループなどで例や経験などについて情報を交換し，共有しながら自分の話す内容をふくらませ，また，整理させます。その後，次のような手順で行います。

① 生徒は起立して隣り合った列同士でペアを作る。

② 教師は話し手になる列と聞き手になる列を指定し，合図と共に話し手は3分間で聞き手を相手にスピーチを行う。聞き手は相づちのみで，質問等はいっさいしない。

③ 3分後，話し手はひとつ席を後ろに移動して（列の最後の生徒は次の列の先頭に移動して）話す相手を替え，教師の合図と共に今度は2分間でスピーチを行う。

④ 最後にまた同様の席の移動を行った後，相手に1分間でスピーチを行う。最初の話し手がこの3・2・1分のスピーチを終えた後，次は聞き手が話し手になって同様に行う。

　この活動のポイントは，最初の3分間でとにかくたくさん話すことです。そして，言いたい内容を徐々に速いスピードでその制限時間内に盛り込むべく，表現を工夫し，内容を絞り込んでいくことになります。このようにして，言語知識の手続き化が促進され，言語が自動化することで，より流暢に話す力が身につきます。

★3 Impromptu Speech （即興スピーチ）　レベル：上級

　その場で話題が与えられ，準備がまったくできない，いわゆる「即興スピーチ」です。たとえば，生徒を4〜5人のグループに分けて，各グループ内でp.137で紹介した2-2-(1)「話題（トピック）の与え方」の3番目の方法をとって行います。最初の生徒はまず話題の書かれた紙を1枚引いて，10秒後にスピーチを始めます。他の生徒はまだ紙を引いてはいけません。それをすべての生徒が終わるまで繰り返します。1人のスピーチが終わるごとに，グループ内でそのスピーチについてのQ&Aを行います。スピーチやQ&Aの開始と終了の合図は教師が行います。

　グループ内での発表後，何人かの生徒からクラス全体の前で自分のスピーチを発表してもらうこともできるでしょうし，やや発

展的な活動として，グループ内で1人レポーターを決めて，グループ内での自分以外のスピーチについてその内容をクラスの前でレポートしてもらうということもできます。いずれにせよ，教師のリードでQ&A などを行い，コミュニケーションを深めるとよいでしょう。

　また，これはスピーチではありませんが，スポーツの試合の様子を実況中継することなどは即興での発表活動であり，使う表現をヒントとして与えながら練習させると生徒は喜んで取り組みます。学期末のパフォーマンステストとして行ったり，「実況中継コンテスト」をクラスで行ったりすることもできるでしょう。

(3) スピーチ後の活動について

　評価活動については後述しますが，それ以外の活動として代表的なものとしては聞き手が話し手に質問をする，あるいは逆に話し手が聞き手に質問をするというQ&A の活動が考えられます。ここでは，それらのQ&A の前に行う，もう少し丁寧な方法を紹介します。

① 生徒を4〜5人のグループに分ける。
② スピーチの前に，教師はあらかじめその生徒のスピーチの内容について問う簡単な英問を5つ用意してパワーポイントで提示する，あるいは，プリントに印刷して生徒めいめいに配付する。
③ グループ内で，1人1つの英問に答えることとし，担当を決める。
④ スピーチを聞いた後，グループ内でそれぞれの英問の答えを検討し，確認する。
⑤ 必要に応じて，もう一度スピーチを聞く。その際，特にどの英問に対しての答えが導けていないのかを全体で確認した後

で，その問いへの答えを探るべくもう一度聞くという「リスニングの焦点化」を図るとよい。

⑥ 全体で英問の答えを確認する。

| 補足 |

▶ スピーチの内容について次のようなテーマのもとグループ内でディスカッションをして，授業後宿題としてそのグループ・ディスカッションを受けて各自100語〜150語程度の英語で自分の意見や考えを書かせると，より主体的で深い学びを促すことになります。

- ・I agree/disagree with ○○-*san* (the speaker's name) /the idea that ..., because ....
- ・Like ○○-*san* (the speaker's name), I like/don't like ..., too/either, because ....
- ・Unlike ○○-*san* (the speaker's name), I like/don't like ..., because ....

(4) スムーズに行うための工夫・留意点など

　生徒のスピーチの前に教師が例を示すことが大切です。自らのデモンストレーションでも結構でしょうし，前年度の生徒や別のクラスの生徒の発表の様子を録画したものや発表原稿を見せてもよいでしょう。

　スピーチが詰まった時などは，教師が５Ｗ１Ｈの質問をすることによってスピーチを誘導してやると，その後スムーズに流れる場合があります。

●次のようなフォーマット（例文）を大きな紙に書いて教室の後ろの壁に貼る。そうすると全員それを見ながら，きちんと顔を上げてスピーチをするようになる。

```
Hello, friends,
1 My speech title is ... / I'm going to speak about ....
2 I think ... (, because ...).
3 I like [enjoy] ..., but I don't like [enjoy] ....
  How about you?
4 I agree that ..., but I disagree that ... (, because ...).
5 その他 ... (最後に) Thank you.
```

また，論理的にスピーチを行うためのひとつのフォーマットとしては次のような型が考えられる。

```
結論：I agree/disagree with the writer/the idea that ....
理由：I have one/two/three reasons for that.
     First, .... / Second, .... / Third, ....
     Therefore, I agree/disagree with the writer/the idea that ....
     Thank you.
```

●それぞれが持続可能な活動となるためには，シンプルでわかりやすい記録を取って残しておき，次年度以降に活用し，また，引き継ぐことである。たとえば，生徒の発表や教師の模範発表などを映像に撮っておき，原稿も残しておく。あるいは，「活動日誌」としてどのような内容を，いつ，どこで，どのように，なぜ行ったかを記録として残して，英語科内でいつでも共有できる状態にしておくとよい。

●発表原稿は始めから自宅で宿題にして書かせるよりも，まず授業で少し時間をとって書き始めさせる方が生徒にとっては取り掛かりやすい。その際，その取り掛かりの授業をいつ行うかをあらかじめ生徒に知らせておくと，生徒も準備ができてなおよい。

「発表」の活動は，ここで述べた以外にも，Show and Tell
やロール・プレイ，あるいはレポーティング活動などがあり
ます。

3 「やり取り」を中心とする話す活動

英語での「発表」ならなんとか準備してできても，「やり取り」
となると即興性が求められるので生徒は苦手だし，指導も難し
い……，このような声が多く聞かれます。

まず，大前提として，やり取りが苦手な生徒がさまざまな力を
身につけてから英語でやり取りを成立させるのではなく，今生徒
の中にある力を使って，英語のやり取りを楽しませることが大切
です。今ある力でやり取りの楽しさを実感できれば，「もっと英
語で伝えたい」「もっと英語を知りたい」と主体的に学ぼうとす
る気持ちが育まれていくでしょう。

次に，やり取りを中心とする話す活動をスムーズに行うための
基本的な心得や工夫，ヒントなどを紹介しましょう。

●相手の質問に答えたら，その内容に関連して質問返しをする。

●何をしたか，何が起きたかという事実だけでなく，それらに対
する感情や気持ちを組み込む。

●接続詞や間をつなぐ filler と呼ばれる表現（well や umm... な
ど）を使う。

●質問は答えやすいものにする

一般的・抽象的な質問は避け，具体的・個別的な質問や指示を
心がける。

（例）　× What did you do during the summer vacation?

　　　→○ Tell your partner three things that you did during
the summer vacation.

●やり取りの後に writing へつなげる。

　（例）　上のやり取りの後で，夏休みについての自分の行動記録
　　　　を箇条書きにして，その中で最も印象深かったことにつ
　　　　いて100語程度でまとめる。

●質問に対する相手の答えに対して簡単に自分の意見を言う。

　少しずつ相づちと質問，答えを足して会話をつなげていく。

　（例）　A: What kind of movie do you like?
　　　　B: I like SF movies.
　　　　A: I like them, too. My favorite SF movie is *Star Wars*.
　　　　B: Really? Me, too.

●ペアで何分会話を続けられるか挑戦する。

　始めは1分間というように制限時間を設けることもある。相
　手を変えて何回か練習を重ねる。

●教師の発言に対して cue（合図）の後，生徒が質問をしてやり
　取りを行う。

　（例）　Teacher: I was very happy and excited yesterday.
　　　　　　　　　 Please ask me questions about it. (← cue)
　　　　Student 1: Why were you so happy and excited?
　　　　Teacher: Because the team of our school won the
　　　　　　　　　game. Please ask me questions about it.
　　　　Student 2: What team? Soccer? ...

●"Plus One Answer"（付け足し）を習慣づける。

　教師対生徒，生徒対生徒にかかわらず，質問されたらその答え
　だけでなく，関連する情報をひとつでもよいので付け加える。

　（例）　Student 1: What kind of movie do you like?
　　　　Student 2: I like SF movies.
　　　　　　　　　 Star Wars is my favorite. (← Plus One Answer)

●会話の出だしは疑問文以外の文で始める。

たとえば，What did you do last Sunday? と尋ねることから会話を始めるのではなく，I went shopping last Sunday. で始めると，その後，What did you buy? とか Where did you go shopping?，あるいは Did you go alone? などさまざまに会話（やり取り）が広がっていく。

●"Vocabulary Diary" を作らせ，活用させる。

　生徒には独立したノートを一冊用意させ，以下のように線を引いて用意させる。

活動の日付　　／		
日本語	English	Example Sentences
（例）　ずるい	cunning	How cunning of you to run away!

　授業中，さまざまな英語でのやり取りの活動の中で，英語で言えない箇所は日本語を使いながらノートの左欄の「日本語」の欄に書き込み，対話などの活動は継続させる。あるいは，活動の後，時間を与えて「日本語」の欄に記入させる。それらの日本語については，各活動後，時間を決めて（3分程度）生徒は辞書を調べたり，先生に聞いたりして該当する英語表現を見つけ，中央の "English" の欄に記入し，さらにその英単語を使った例文を右欄に書き込む。宿題として自宅でこれらの調べ学習をさせてもよいが，いずれにせよ，折に触れて教師はノートを回収して点検する。

【この工夫のねらい】：生徒は英語を実際に使用することで，形式と意味・機能の結びつきに気づき，使い方を経験し，また自分が知らない表現に気づきます。このプロセスの中で出会う表現は自分が知りたい，あるいは使いたい表現であるため，このように工夫することで主体的で自然な定着が期待できます。

★ 1 教科書と対話しよう！ [レベル：初級〜上級]

　生徒Ａはテキスト（教科書の本文など）を１文ずつ音読します。生徒Ｂは（ところどころで）返答や相づちなどの何らかの反応を入れます。次の例では，生徒Ａは教科書の本文を最初から１文ずつ音読しているだけです。

（例）

A: Have you ever heard an echo? B: No, I don't think so. A: If not, call out in the mountains. B: OK. I will, if I have a chance. A: Your voice will come back. B: Really? A: That sound is an echo. B: I see. It is called *kodama* or *yamabiko*....

　テキストの種類や内容によって，やりやすさに差がありますので，この活動を行う時のテキストの選定には要注意です。また，本来的にはこの活動は生徒Ｂにとって初見のテキストで行いますが，初級の活動としては教科書の本文を使って，あらかじめペアで話し合ってシナリオを作って行ってもよいでしょう。本文の読解活動にもつながり，やり取りの基本を学ぶことができます。

★ 2 Think & Pair & Share 〔レベル：中級～上級〕

① 生徒はテキスト（教科書本文など）の内容に関して，次の
フォーマットのいずれかでひとつ英文をノートに書く。

・Like/Unlike the writer/（登場人物）, I (don't) like/enjoy ....
・I agree/disagree with the writer/（登場人物）/the idea that ....

---

② 生徒は起立し，教師は列ごとに生徒Aと生徒Bを指定する。
隣同士の列でペアになり，最初は生徒Aが生徒Bに①の英文
を口頭で告げ，その後3分間AとBの生徒で会話を続ける。
その際，生徒Bは会話の内容についてメモを取る。

③ 3分後，生徒Bは列のひとつ後ろに下がって（最後の生徒は
次の列の先頭に移動して）別の生徒Aとペアを組む。その生
徒Aに生徒Bは②でメモした内容を告げ，さらに3分間A
とBの間で会話を続ける。その際，生徒Bは会話の内容につ
いてメモを取る。

④ 3分後，ここでやめてもよいが，同様の会話を生徒のレベル
や所要時間によってさらに繰り返し，終了の合図で生徒は当
初の②のペアに戻る。そして，生徒Bはそれまでの複数回の
異なるペアでの会話の内容をメモをもとに生徒Aに報告し，
その後，ペアでさらに意見や感想を交換する。

⑤ 生徒Aと生徒Bで役割を換え，今度は生徒Bが生徒Aに①
の英文を口頭で告げ，以降②以降と同様の活動を行う。

⑥ すべて終了したら，①の自分が選んだフォーマットを書き出
しとして，150語～200語程度の英文で自分の考えや意見・感
想などをまとめる。

★ 3 Interactive Recording Program 〔レベル：初級～上級〕

基本的には授業外の活動です。IC レコーダーやスマートフォンなどの録音機能のある機器を生徒各自が準備する必要があります。

① 生徒は，自分で決めたあるトピックについて英語で語ったものを，各自 IC レコーダーやスマートフォンなどに録音する。

② 別の生徒が①で録音された音声を聞き，その音声の後にその内容についての意見や感想を英語で吹き込む。

③ また別の生徒が①と②で録音された音声を聞き，それらの音声の後に内容についての意見や感想を英語で吹き込む。以下，同様に何回か繰り返す。

④ 最終的には，最初に①で吹き込んだ生徒が，録音された最初から最後までを通して聞いて，それらの内容に関してのコメントや意見を英語で吹き込む。そして，また①に返り，新しいトピックで始める。

スマートフォンについては音声のみをデータでやり取りできる機能がありますので，それを利用してこの活動を行うとやりやすいかもしれません。また，適宜，教師や ALT が音声を聞いて応えてやることもできます。それがたとえ時折でも，生徒にしてみれば随分と励みになるものです。

この活動は単純ではありますが，その意義や利点は以下の 5 点にまとめられます。

● 英語でのコミュニケーション（「やり取り」）を行う場面と時間を，より多く確保することができる。

自宅などでの日常生活の中で実際的な英語使用を促すことができます。

● 英語を話す際の精神的なプレッシャーを取り除くことができ

る。

　授業中人前で英語をしゃべることに照れや抵抗を感じる生徒でも，この活動なら何度でも録音し直せますし，英語を気楽に自由に話すことができます。

●生徒の多様な能力に対応することができる。

　録音された音声を聞くわけですから，各自自分の聞き取りの能力に合わせて何度でも話を聞くことができます。また，やる気や能力のある生徒は，遠慮なくその力を発揮することができます。

●自分の英語力をダイレクトに自己評価できる。

　一度録音された音声は消さずに，続けて録音しますので，前に録音された自分の話をしばらくして聞いてみると，自分の英語力の進歩を自分で実感することができるでしょう。また，友だちの話を聞くわけですから，彼や彼女と比べて自分の英語はどうかということも常に把握できます。

●ポートフォリオとして活用できる。

　生徒の学習の成果（work）やパフォーマンスが，時間をかけて連続して集積されますので，継続的な「振り返り」（リフレクション）が可能になります。

●この活動を通して，生徒と生徒あるいは生徒と教師のふだんの生活や授業の中でのお互いの理解と，人間関係が深まる。

　お互いを尊重しながら意見交換するということは人間的な成長にもつながりますし，この活動を通して日頃のコミュニケーションも円滑かつ深まりを持つものになります。

　この活動を行う際，生徒に守らせるルールは次の3つです。

・　録音時には日本語の使用はいっさい禁止する。

・　あらかじめ原稿を書いて，それをただ読み上げる形での録音はしない。ただし，言いたいことを箇条書きしたメモ程

度のものは用意して話をしてもよい。

・ 音声の交換期限や提出期限を必ず守る。

　この活動において生徒が話をするトピックは，基本的には各生徒が自由に考えて設定します。これは，それぞれの生徒の興味や関心に従って，その時一番話しやすい話題で話をした方が抵抗が少なく，また，内容も深まるであろうという判断によるものです。もちろん，教師の方でトピックを指定することもできます。この場合，多分に議論の余地のある内容を含むもの，たとえば「新型コロナウィルス感染拡大防止のために日本も欧米並みに都市封鎖（ロックダウン）すべきだ」とか，「成人年齢は18歳に引き下げるべきではない」といったようなものを与えてみましょう。そして，生徒が吹き込んだ意見を聞いてみましょう。きっとその中には感心するような意見や，ちょっと面白い，みんなで話し合ってみたくなるような内容を含んだ録音があるはずです。そうした場合には，ぜひ授業中にその録音を流して紹介し，ディスカッションやディベートにつなげてみてください。きっと盛り上がると思います。

　さらに，この program の応用として，次のような活動（私はこれを "Story Chain" と呼んでいます）を行うこともできます。

★ 3-1 　発展活動（"Story Chain"）　レベル：中級～上級
① 教室の各列の生徒の人数をそろえて，それぞれをひとつのグループとする。
② 各列の先頭の座席の生徒にそれぞれ IC レコーダーを渡し，さらに，あるひとつの物語の出だしの 1 段落を書いた同じメモを渡す（オリジナルの物語でも，生徒が知らなそうな物語でもよい）。
③ その生徒は自宅に帰って，そのメモの出だしに続く話を途中

まで創作して録音する。

④ 次に，各列の2番目の生徒が③の話を聞いて，その続きを途中まで創作して，それを③の録音の後に続けて吹き込む。

⑤ 以下，同様の手順でICレコーダーは次々と各列の生徒の前から後ろへと順々に渡り，話が録音され，ストーリーが形成されていく。そして，最後の生徒がそのストーリーに結末をつけたところで，教師は既存の物語を使ったのであればその原文の物語の全文を口頭ないしはハンドアウトを使って提示する。その後，各グループの作品を全員で聞いて，みんなでコメントし合う。

なお，各生徒の吹き込みに与えられる時間は1日とし，翌日には次の生徒にICレコーダーを渡すルールとする。

4 「発表」や「やり取り」などの話すことを中心とした活動の留意点

ここでは，最も大きな留意点として，「話すこと」の評価について触れたいと思います。

「話すこと」の評価で最も重要なのは，評価に気をとられるあまり活動に支障が出るということがないようにすることです。要はTPOが大切です。そして，評価をあまり複雑にしたりやりにくくしたりしないことです。たとえば，「発表」にせよ「やり取り」にせよ，次ページのような評価表が一枚あればたいていの活動に対応できるでしょう。

また，「やり取り」であれば，評価項目は大きく言えば以下の3つに絞られます。

・ 質問に正しく答えられたか。

・ 会話を広げる質問や感想が言えたか。

・ 会話をお互いに楽しめたか。

	Date: (/)
Speaker / Partner / Fellows:	
Title:	

Overall: A: Good	B: So-so	C: Not so good
English	A B C	
Content	A B C	
Good points		
Your name:		

　以上のように評価をシンプルに行うという観点がとても重要ですが，もう少し踏み込んで丁寧に行いたい場合，「ルーブリック（Rubric）」を用いた評価が参考になります。

　そもそも「ルーブリック」とは，生徒のパフォーマンスについてその達成レベルを「評価規準」と「判定基準」から成るマトリクス表で評価したものを指します。ルーブリックは採点の透明性や一貫性，効率性を高めますし，生徒の学習に対してのフィードバックやサポートを行う時にも役立ちます。ルーブリックの分類と特徴は次のようにまとめられます。

A　評価方法による分類
●総合的（holistic）評価方法：生徒のパフォーマンスを全体的に評価し，得点（評点）をひとつだけ出す。
●分析的（analytic）評価方法：「文法・語彙の正確さ」，「発音の流暢さ」など，各規準で評価し，複数の得点（評点）を出す。

B　測る能力の種類による分類
●一般型（generic）：生徒のさまざまなパフォーマンスに対し

て広く応用可能で，結果の一般化も容易。

●**タスク特有型**（task-specific）：タスク形式ごとに作成する。
そのタスク達成に限って用いられる能力を測る。

たとえば，スピーチなどの「発表」活動については，次のよう
な分析的で一般型のルーブリックが使用可能です。

		評価規準	
		発話が効果的か	文法・語彙の正確さ
判定基準	3	話し手のメッセージがはっきりと効果的に伝わる。	文法・語彙の誤りがほとんどない。
	2	話し手のメッセージがおおむね伝わる。	文法・語彙の誤りがあるが，問題なく理解できる。
	1	話し手のメッセージがほとんど伝わらない。	理解を妨げる文法・語彙の誤りがある。

同様に「やり取り」の活動についても次のような分析的で一般
型のルーブリックが使用可能です。

		評価規準	
		対話が効果的か	文法・語彙の正確さ
判定基準	3	相手の質問や答えに十分に適切に応答している。	文法・語彙の誤りがほとんどない。
	2	相手の質問や答えにほぼ適切に応答している。	文法・語彙の誤りがあるが，問題なく理解できる。
	1	相手の質問や答えにほとんど適切に応答していない。	理解を妨げる文法・語彙の誤りがある。

一方，総合的でタスク特有型のルーブリックの例として，p.★の「1 教科書と対話しよう！」を取り上げて解説します。

3【十分満足できる】：(ア) 相手の問いかけ（Have you ever heard an echo?）に答えている，(イ) 相手の指示（If not, call out in the mountains.）に応えている，(ウ) 会話を続けるための filler（Really? や I see. など）を適切に使っている，の3点すべてを満たしている。

2【おおむね満足できる】：(ア)，(イ)，(ウ) 3点のうち，2点のみを満たしている。

1【努力を要する】：3点のうち，1点のみを満たしている。
（どれも満たさなかった場合は0点。）

（3の例）　A: Have you ever heard an echo?
　　　　　　B: (ア) <u>No, I don't think so.</u>
　　　　　　A: If not, call out in the mountains.
　　　　　　B: (イ) <u>OK. I will, if I have a chance.</u>
　　　　　　A: Your voice will come back.
　　　　　　B: (ウ) <u>Really?</u>
　　　　　　A: That sound is an echo.
　　　　　　B: (ウ) <u>I see.</u> It is called *kodama* or *yamabiko*.
　　　　　　下線部 (ア)，(イ)，(ウ) すべてを満たしている。

（2の例）　上の下線部 (ア)，(イ)，(ウ) 3点のうち，2点のみを満たしている。

（1の例）　(ア)，(イ)，(ウ) 3点のうち，1点のみを満たしている。

さらに，タスクを一般的に捉えて焦点化し，次のように分析的で一般型のルーブリックを使うことも可能です。

		評価規準	
		タスク達成度	流暢さ
判定基準	3	タスクの目的を十分に達成し，広がりや深みも含んでいる。	長い沈黙や言い直しがほとんどなく，スムーズに話せている。
	2	タスクの目的は達成しているが，広がりや深みに欠けている。	長い沈黙や言い直しがある。またはスムーズに話せていない。
	1	タスクの目的を達成していない。	非常に長い沈黙などのために理解が困難である。

ペア活動の工夫と留意点

1 しっかりとしたペア活動を行うために注意すべきポイントは以下の通りです。

(1) 最初に，ペア活動を行うための態勢や環境をしっかりと整える。ペア活動に慣れるまでは特にこの点が重要である。たとえば，隣同士でペア活動をさせたければ，まずはお互いにしっかりと机を合わせて近づき，相手の目を見て，相手の声がしっかりと聞こえる距離を作る。

(2) ペアのどちらから始めるなどやり方を明示する。また，指示はシンプルかつ明確にして，徹底させる。一度に多くの指示を与えない。大切なのは，ひとつの指示を与えてひとつの行動をさせ，全員達成していることを見極めてから，次の指示をまたひとつ与える，という繰り返しと積み重ねである。

(3) わかりやすい例やモデルを与えたり，実演したりする。教師が示してもよいし，代表生徒が示してもよい。

(4) モデル例をクラス全体でまず音読練習した後，何人か個人やペアで言わせてみて，ペアに任せても大丈夫だと確認してから活動に移る。

(5) 活動に入った後，多くの生徒の共通のつまずきで活動の継続に支障が出そうな場合は，すぐに活動を中断し，生徒がしっかりと聞く態勢を作ってから指示を与える。教室がざわざわした中で中途半端な指示を与えてはいけない。

(6) ペア同士の人間関係で苦労する場合があるかもしれない。特殊な場合を除き，次のような工夫をするとよい。

　＊毎時間，あるいは毎回，ペアの相手を替える。

　　縦列，横列いずれにせよ1人分ずらして行ったり，列の一部ないしは全部を入れ替えて行う。要は，延々と相手が固定化されることで嫌悪感や不公平感が募るものなので，固定化しない，平等に変化の中に身を置くというしくみが有効である。

・ペアで頑張ると両方の生徒に「いいこと」があるという「仕掛け」を作る。

　たとえば，ペアで活動を終了させるまでの所要時間や，会話の量やあるいは質を競わせ，得点を与える。その際重要なのは，一部の優秀なペアのみに得点等を与えるのではなく，得点に差をつけながら得点自体は全員に与えるという方式を採るとよい。いわゆる，「加点方式」である。

2　隣同士の座席でペアを作る以外にも，ペアの作り方には次のような工夫ができます。

(1) 黒板に向かって右側の縦列から順に1番から列番号をふり，奇数番号の列は固定し，偶数番号の列の生徒のみひとつの活動を終えた後，1人分後ろに下がって別の生徒とペア活動を行う。最後の偶数番号の列の最後尾の生徒は，1番の列番号の生徒の先頭の生徒とペアになる（これを「回転寿司 chat」方式と呼びます）。

(2) 席のすぐ隣同士ではなく，1列とばしたその向こうの生徒とペアになって会話させる。つまり，1列目の生徒と3列目の生徒がペアになり，2列目の生徒と4列目の生徒がペアになるといった具合である。そうすることでボソボソした声での会話ではなく，相手に伝わるべく大きな声で会話せざるをえなくなる。その際配慮すべきは，たとえば偶数列の生徒は半歩教室の後ろに下がって行うということである。そうすることで，隣同士の生徒が物理的に顔が重なることによる会話のやりづらさが払拭できる。

7 ディスカッション・ディベート

1 ディスカッション・ディベートとは何か

　ディスカッション（discussion）やディベート（debate）が日本の少なくとも中学校・高等学校の英語教育の中で語られ，実践されるようになったのは比較的最近のことです。グローバル化する社会の変化への対応と，それに伴う実業界からの「使える英語」を習得することへの要請，そして学習指導要領の改訂などがおそらくその背景にあったものと思われます。

　また，「異文化理解」あるいは「教養」のための英語から移行して，「国際共通語としての英語」を教え，生徒に習得させるべきだという議論もあります。その背景にあるのは，実際の英語コミュニケーション能力が地球規模で日常的かつ持続的に問われる時代に今私たちはいるという認識です。日常会話や挨拶程度の英語力ではもはや不十分。英語を使った「交渉力」「議論する力」「論争する力」，より具体的に言えば，たとえば外国人の混じった就職試験の集団面接において，英語を使って採用されるだけの力，そして企業にも英語を使って採用する力が一部の日本人だけではなく広く多くの日本人にますます求められるような社会に今私たちはいるという認識が，マスコミなどの影響もあって，世間一般に広がりつつあるのではないでしょうか。

さて，そのことを押さえた上で，これから未来の生徒に身につけさせるべき英語コミュニケーション能力とは何かを考えてみましょう。それは，思考力・判断力・表現力をベースとして，英語力，日本語力，ことばへの感性，コンテクストを読み取る力，場の空気や雰囲気を適切に読み取り行動する力，相手への「共感」（empathy）を感じる力，相手を説得し納得させる力などをすべて融合して，自ら主体的に相手と関わることのできる力，です。かなりハードルは高いです。しかし，その力を身につけさせるための方法はあります。それが，たとえば，ディスカッションやディベートなどの言語活動なのです。

　日本の英語教育におけるディスカッションやディベートはこれからその重要度がさらに増すであろう言語活動だと言えます。

2　ディスカッションを行う際の工夫と留意点

　ディスカッションとは論争ではなく，複数の人々と建設的な意見を出し合い，問題・課題やトピックに対する一定の結論を全体として出していく行為です。

　また，ディスカッションは個々のメンバーの意見をただ発表し，紹介し合うだけのものではありません。しかし，実際の授業参観でよく見られるのは，生徒は小グループになって個々に自分の意見を発表し合い，お互いに Nice. とか Good. とか言いながらそれで終了。よくて，代表者がグループの意見をまとめてクラス全体にレポートしておしまい，というものです。このような活動にまったく意味がないとは言えませんが，これらを上で述べたような本来のディスカッションと呼ぶことはできません。

　では，本来のディスカッション活動を行うにはどうしたらよいのでしょうか。以下にポイントを挙げてまとめます。

●問題・課題・トピックの設定を工夫する

　設定する問題・課題・トピックについて，回答できる幅が広すぎると論点がぼやけますし，議論が多岐にわたってまとめづらくなります。たとえば，What should our school do to let us enjoy our school life much more? というトピックを設定すると，「学校行事を増やして，もっと生徒が楽しめる内容にすべきである」，「テストの数を減らしてほしい」，「授業をもっと面白いものにしてほしい」，「校則をゆるくしてほしい，あるいはなくしてほしい」などといった意見が出てきます。これでは収拾がつかなくなります。

　賛成か反対かのいずれかの立場をとらせたり，立場や意見の選択肢が2つから3つ程度に絞られるようなトピックを設定すべきです。そして，なぜ自分は賛成あるいは反対なのか，なぜその立場や意見を選択したのかという，理由づけの部分をディスカッションの中心にすると取り組みやすくなります。たとえば，上で紹介した学校生活に関わるトピックでも，Should the tests at school be abolished? というトピックにすれば，賛成か反対のいずれかの立場に絞られますし，後はなぜその立場を取るのかという理由の部分で意見交換をすればよいのですから，議論も深まりますし，結論も出やすくなります。(ちなみに，テストの廃止に賛成の立場をとる生徒は「意外に」少ないものです。)

●意見や考えを言えるだけの「中身」を生徒に持たせる

　トピックによってはそもそも言いたい中身をたくさん出せるものもあるでしょう。しかし，そうでないものについてはたくさんの情報をインプットする必要があります。たとえば，新聞，書籍，雑誌，インターネットなどを情報源として活用することができるでしょう。日本語でもよいでしょうし，あるいは英語のリー

ディング教材を使うことも可能でしょう。教師側から与えるか，生徒が自分で調べ学習をするか。理想としてはその両方を取りたいところです。そして，生徒同士で情報をシェアする工夫も盛り込みましょう。

　また，学校の先生方や生徒たち，あるいは家族にインタビューをするなどして，広くまわりをディスカッションに巻き込むとトピックに関する知見が深まり，「言える」内容が質，量ともにより充実します。

●意見や考えを言えるだけの「表現」を身につけさせる

　言いたい「中身」をしっかりと準備させることも重要ですが，それを英語で言える「言い方（方法）」が身についていることも大切です。それこそ全般的な「英語力」に関わるところでもあり，一朝一夕に身につくものではありませんが，せめて語彙面あるいは文法・表現面で「使える」ものを整理して提示し，練習させることで，少しでもスムーズなディスカッションにつながることが期待できます。

3　ディスカッションの具体例

★ レベル：中級〜上級

① トピックは "Should the minimum wage be higher?" とする。まずは以下のように導入と動機づけを行う。
　a. 次の問いについてペアで話し合う。
　　・ What is the minimum wage and what for?
　　・ How much are you supposed to get paid per hour legally as the minimum wage?
　b. John と Ms. Brown の次の会話を聞かせ，後に続く問 1 と

問2 それぞれの質問の解答を選ばせる。

Listening Script

John: Ms. Brown, I became interested in learning about the minimum wage when I read an article in the newspaper. I think, when it comes to the minimum wage, the higher, the better.

Ms. Brown: Well, John, please imagine that you are an employer, not an employee.

John: Oh, yes, I would be made to pay more to my employees and would stop hiring new ones.

Ms. Brown: Right. So increasing the minimum wage could lead to the loss of jobs.

John: And also, a higher minimum wage would make everyday prices go up.

Ms. Brown: Absolutely. Most people don't understand why it is possible to purchase cheap clothing and other goods. Would they be willing to pay more for products if they knew a proper wage was being paid to workers to make them?

John: Still, I believe the minimum wage should be higher, because it motivates people to work and encourages them to spend more money, which is good for our economy.

問1 What is John's main point? （答）1.

1. A higher minimum wage is preferable, though it has some disadvantages.
2. The minimum wage is enough for people to live normally.
3. The minimum wage should be higher than it is now for the young.
4. There should be more economists who openly support the minimum wage.

問2 What is Ms. Brown's main point? （答）1.

1. A higher minimum wage could damage society and its economy.
2. Most economists are against the minimum wage.
3. Spending more money is basically a good thing for society.
4. The minimum wage should only be enough for people to survive.

 c. 再び，次の問いについてペアで話し合う。

  What do you think about the minimum wage? Do you think it should be higher? Why or why not?

② 次に，生徒に以下のようなインターネットのサイトを利用させるなどして情報収集をさせ，考えを深めさせる。以下は代表的なサイトです。

- Mywage.com
- KIMI.Minimum Wage in Tokyo
- Minimum Wage.com, What is the minimum wage?
- Minimumwageuk.com
- employsure.com.au, Minimum Wage And Award Wages In Australia.
- govt.nz, Workers'rights

③ トピックについての自分の意見や考えを，賛成・反対の二者択一で決めて，その理由も含めて次のフォーマットにしたがって英語で100語程度でまとめる。

・I agree that the minimum wage should be higher, because
            .

・I disagree that the minimum wage should be higher, because
            .

---

④ ③で書いたものを各自見直し，メモ式スピーチで意見発表できるように次の準備を行う。

164

a. 意見を口頭発表する際に，キーワードとなるものを抜き出してメモする。

b. それらのキーワードを見ながら，簡潔に口頭で意見発表する練習を個人で行う。

c. ペアを組んで，なるべく相手の顔を見ながらお互いに練習する。

d. 教師の指示で，ペアの相手を何度か替えて練習する。

なお，c. と d. を行う中で生徒はお互いに相手の話のよくわからないところや聞き取れないところを指摘し合い，よりわかりやすく，そして聞き取りやすくするためのアドバイスを与え合うようにするとよい。

⑤ 生徒に 7 人から成るグループを組ませる。

a. 各グループは次のような形に机を配置する。

```
┌─────────────────────────────┐
│      〔司会者〕〔司会者補助〕         │
│   〔生徒 A〕          〔生徒 D〕    │
│   〔生徒 B〕          〔生徒 C〕    │
│        〔記録・報告者〕            │
└─────────────────────────────┘
```

b. 各グループで司会者，司会者補助と記録・報告者を決めて，それぞれ各自の席に着席する。

⑥ 次の手順で司会者の司会・進行のもと，議論を行う。

a. 生徒 A がメモ式スピーチで，意見発表を行う。

b. 生徒 B が生徒 A の意見を口頭要約し，生徒 A に確認を取る。その際，他の 4 人の生徒は必要に応じて生徒 B の要約を助ける。

c. 生徒 C が生徒 A の意見に対して質問したり，コメントを加えたりする。

　　（→以降，順次この a.～c. の活動を生徒 A～D の 4 人の中

でローテーションさせていく）

d. 司会者以外の全員が，どの意見が最も説得力を持ち，最適なものであると思うか，その理由も含めて発表する。あるいは，自分や他のメンバーの意見を修正したものを，理由を含めて発表する。

e. 司会者と司会者補助は必要があれば確認の質問を生徒A〜Dに行い，その後2人で相談してグループとしての意見を集約する。所要時間を3分程度とし，その間，記録・報告者は記録を整理したり，他の生徒は自分の意見をノートにまとめるなどの作業を行う。なお，意見が大きく分かれてしまったり，ひとつに上手にまとめるのが困難と司会者および司会者補助が判断した場合には，全員の多数決によって意見を決定する。

f. 決定した意見を全員で確認し，また，その理由づけを全員で協力して出し合う。

g. 記録・報告者は決定した意見および出された理由を整理し，2分間程度でクラス全体に発表する。

⑦ 各グループの記録・報告者による発表が一つ一つ終わるごとに，次のfollow-up activities を行える範囲で行う。なお，回答については，記録・報告者のみが質問に答えるのではなく，適宜同じグループの他のメンバーが答えてもよい。

●内容について教師から質問する。

・発表者（とそのグループ）に対して：

（例） What kind of people receive the minimum wage? What would happen to experienced skilled workers? Would they get paid more if the minimum wage got higher?

・聴衆になっている他の生徒に対して：

（例） What did you get as a new piece of information about

the topic from this group?

●内容について発表者（あるいはそのグループ）から聴衆に
  なっている他の生徒に対して質問する。

（例） How many of you agree with the idea that our tax
        should be used for the minimum wage?

●内容について聴衆になっている他の生徒から発表者（とそ
  のグループ）に対して質問する。

（例） Should the minimum wage be the same to any kind of
        people? Or should it be different based on age, type of
        job, or academic background?

⑧ 生徒は次の評価・感想シートを使って以下の観点で評価し，
  感想を書き，教師に提出する。教師は点検後，そのシートを
  それぞれ該当のグループの司会者に渡し，司会者はグループ
  内でシェアして，今後の活動に生かす。

評価・感想シート (評点は4を最高点とする)				
発表 グループ	**評点 （観点1）**	**評点 （観点2）**	**観点3**	**観点4**
グループ A	4 3 2 1	4 3 2 1		
グループ B	4 3 2 1	4 3 2 1		

… （グループC以下同様に）

観点1：そのグループの説明はよくわかりましたか。

観点2：そのグループの説明は説得力のあるものでしたか。

観点3：発表とその内容について良かった点を書いてください。

観点4：発表とその内容について改善点を書いてください。

4 ディベートの基本および行う際の工夫と留意点

4-1 ディベートとは

　ディベートとは，ある論題について賛成側（affirmative）と反対側（negative）に分かれ，一定のルールのもとにそれぞれが自分の側の優位性を論じ合い，最後に勝敗をジャッジ（審判）が決定する「討論ゲーム」です。種類としては，大きく事前の調査や準備，話し合いなどを必要とする「教育ディベート」と，その場でトピックが発表され，その場で意見をまとめて行う「即興ディベート」の2つに分けられます。いずれにせよ，討論によって勝敗という「白黒」がはっきりとつけられますので，「話し合い」によって穏便に決着をつけることを好む日本の文化風土にはなじみにくいという先入観がありがちですが，ディベートはディスカッションとは異なり，自分の信念ではなく，与えられた立場に基づいて議論を進めますので，感情的にならず論理的に自分の側の正しさを示していく練習と割り切って，ゲームを楽しむ気持ちで取り組むとよいでしょう。ゲームである以上「ルール」がありますので，そのルールに則って行えば，むしろディスカッションよりも全員参加がしやすく，進行も簡単で，達成感を感じながら英語の総合力を高めることができます。

4-2 ディベートの構成要素

　ディベートは大きく「主張」（「立論」とも言います），「質問」，「反論」（「反駁」とも言います）という3つの部分から成り立っています。そして，最後にジャッジ（審判）が勝敗の判定を下し

ます。

(1) 主張［立論］

　立場や意見の異なる相手と議論をする時に「ダメだからダメ！」では相手を納得させることはできません。主張する時にはその「根拠」が必要です。そして，その「根拠」に「証拠」が伴えば根拠は強くなります。〈主張―根拠―証拠〉というまとまりをまず基本として押さえておくことが大切です。

(2) 質問

　相手の主張を聞いて，聞き逃したことを確認したり，その主張を正しく理解しているかどうかを確認するために質問をします。相手の主張の欠陥や矛盾点を指摘することもできます。

(3) 反論［反駁］

　相手の主張に対して反論します。あるいは，相手の反論に対して自分の主張を守ります。具体的には，相手の主張を支える根拠や証拠を攻撃し，その不備や欠陥を指摘します。逆に，自分の側の根拠や証拠の正当性を守ればその主張は成立することになります。

(4) 判定

　最後に中立の立場のジャッジ［審判］が賛成側と反対側のどちらが勝ったか判定を告げます。ディベートを「ゲーム」と位置づける所以がここにあります。ディベートの目標は最終的にはジャッジ［審判］を説得し，自分たちの側の味方につけることであると言えます。

ディベートにはさまざまなやり方がありますが，どのような方法でも共通しているのは，公平性を保つために次の2点は必ず守られなければならないということです。

・ 主張，質問，反論する機会が賛成側，反対側双方に同じ回数保証されている。
・ 主張する機会は賛成側に先に与えられ，反論する機会は反対側に先に与えられる。

この2点を基本ルールとして，主要なディベートのやり方2つについて流れを説明します。

★1 1回主張，1回質問，1回反論

最も簡単な方法で，初心者向けです。

① 賛成側主張（Affirmative Constructive Speech）
② 反対側からの質問（Questions from the Negative）
③ 反対側主張（Negative Constructive Speech）
④ 賛成側からの質問（Questions from the Affirmative）
⑤ 反対側反論（Negative Rebuttal Speech）
⑥ 賛成側反論（Affirmative Rebuttal Speech）

★2 1回主張，2回質問，1回攻撃，1回防御，1回まとめ

2006年12月に始まった「全国高校生英語ディベート大会」で用いられている方法です。「反論」を「攻撃」と「防御」に分けて整理し，わかりやすくしています。また，「主張」の後だけではなく，「攻撃」の後にも「質問」が設定されています。そして，それぞれの段階には制限時間が設けられています。

なお，以下の流れは第9回大会から改定されたものです。以

前よりアタックとディフェンスがそれぞれ１分長くなり，立論後の質疑が１分短くなりました。

① 肯定　立論（Affirmative Constructive Speech）【４分】
　　〜準備時間（Preparation Time）【１分】〜
② 否定　質疑（Questions from the Negative）【２分】
③ 否定　立論（Negative Constructive Speech）【４分】
　　〜準備時間（Preparation Time）【１分】〜
④ 肯定　質疑（Questions from the Affirmative）【２分】
　　〜準備時間（Preparation Time）【２分】〜
⑤ 否定　アタック（Negative Attack）【３分】
⑥ 肯定　質疑（Questions from the Affirmative）【２分】
⑦ 肯定　アタック（Affirmative Attack）【３分】
⑧ 否定　質疑（Questions from the Negative）【２分】
　　〜準備時間（Preparation Time）【２分】〜
⑨ 肯定　ディフェンス（Affirmative Defense）【３分】
⑩ 否定　ディフェンス（Negative Defense）【３分】
　　〜準備時間（Preparation Time）【２分】〜
⑪ 肯定　総括（Affirmative Summary）【３分】
⑫ 否定　総括（Negative Summary）【３分】

計　42分

（一般社団法人　全国高校英語ディベート連盟（HEnDA）HP「第14回大会ルール」より）

　他にも，「１回主張，１回質問，１回反論，１回まとめ」，「１回主張，１回質問，２回反論」，「２回主張，２回質問，１回反論」，「２回主張，２回質問，２回反論」などの方法があります。

先ほど挙げた2つの必ず守るべきルールの他に，ディベートをスムーズに行い，噛み合った討論にするためのいくつかの技術やルールがあります。以下に主なものを挙げます。

● 「ニュー・アーギュメント（New Argument）」の禁止

「主張」の段階で言わなかった根拠を，「反論」の段階で述べることを「ニュー・アーギュメント」と呼び，ディベートではルール違反となります。相手はこちらの主張の根拠の不備や欠陥を突いて反論や攻撃をしてくるわけですから，それを示さないというのは相手に反論や攻撃の機会を与えずに，一方的にこちらの優位性を主張することになります。じゃんけんに喩えれば，いわば「後出しじゃんけん」をするということです。これは明らかにアンフェアであり重大な反則になります。自分たちの主張の根拠はすべて「主張」の段階で述べきる必要があるのです。

● 根拠や証拠，意見の述べ方

主張の根拠や証拠，あるいは意見はいくつあるのか，相手に分かりやすく伝えるのがマナーであり，大事な技術です。たとえば，"There are three supporting reasons for our argument. First, ... Second, ... And finally, ..." というような言い方をするとお互いの議論が噛み合いやすくなります。

● 立場の決め方

ディベートはその人の個人的な信条や意見に関係なく，機械的に賛成，反対の立場を決めて，ことばのやり取りを楽しむゲームです。くじやじゃんけん，あるいは教室の座席の列や出席番号などで，どちらの立場かを決めてもよいでしょう。

5 ディベートの具体例

★ レベル：中級～上級

① 次を論題とする。

Resolved: The translation method should be abolished in
English classes in Japan.

② クラスを10人ずつのグループに分けて，それぞれのグループ
で次のように役割分担を決める。

・ 司会者１人
・ 賛成側（Affirmative）３人と反対側（Negative）３人（誰
がどちらのサイドに入るかは教師が指定する）
・ ジャッジ３人（うち１人はタイム・キーパーも兼任する）

③ 次のフォーマットにしたがってディベートを行う。❶～❽の
各数字は，話す順番を示す（所要時間は判定を含めて１試合
約30分）。

Affirmative	Negative
❶ Constructive Speech （2 min.）	

~ Preparation（1 min.）~

Affirmative	Negative
	❷ Questions to the Affirmative （2 min.）

~ Preparation（1 min.）~

Affirmative	Negative
	❸ Constructive Speech （2 min.）

Affirmative	Negative
❹ Questions to the Negative (2 min.)	

~ Preparation (2 min.) ~

Affirmative	Negative
❻ Rebuttal Speech（→❸） (2 min.)	❺ Rebuttal Speech（→❶） (2 min.)

~ Preparation (2 min.) ~

Affirmative	Negative
❽ Closing Summary Speech (2 min.)	❼ Closing Summary Speech (2 min.)

❶/❸：最初の立論スピーチ（Constructive Speech）である。日本の英語授業において訳読法を行うことに関してのメリットとデメリットについて，それぞれの立場から基本的な主張を行う。

❷/❹：賛成側，反対側それぞれの立論スピーチに対して質問をしながら理解を確認したり，相手の主張の欠陥や矛盾点を指摘する。

❺/❻：❺は賛成側❶の，❻は反対側❸の議論に対する反駁スピーチ（Rebuttal Speech）である。あくまで立論スピーチの内容に対する反論であり，新たな論は展開しない。

❼/❽：❼は賛成側❻の，❽は反対側❺の反駁に対してさらに反論を加えながら，自分の側の意見を補強していく。最初の立論と同じポイントについて議論しないように，Preparationの時間を使ってチーム内で事前に打ち合わせをしておく。

そして，ディベート終了後に，判定（Judge）のための時間を２分間程度設ける。ジャッジは必ず勝敗を決め（「引き分け」はない），その判定理由を説明する。

司会者："I'd like to ask the judges to render their decisions. If you think the affirmative has won, please raise your right hand. If you think the negative has won, please raise your left hand. ... With a decision of ～ to ～, the ～ side won this debate."

---

④　生徒は下の「評価シート」と「感想シート」に各自記入して，教師に提出する。

《評価シート》

評価のポイント		評点（4段階）
1-1	スムーズに短時間でグループを組み，役割分担を決められたか。	4　3　2　1
1-2	座席配置など適切なセッティングで臨むことができたか。	4　3　2　1
2-1	自分の役割を理解していたか。	4　3　2　1
2-2	自分の役割を果たしたか。	4　3　2　1
2-3	自分の言ったことが相手に伝わっていたと思うか。思わない場合は，その理由を書きなさい。 【理由】 　（例）　早口になり過ぎて，発音が不明瞭になってしまったから。	4　3　2　1
2-4	相手の言っている内容が聞き取れたか。	4　3　2　1

【評点について：4（Excellent），3（Good），2（Fair），1（Failure）】

※この評価シートを使って生徒は自己評価を行い，また，生徒同士で評価する。シートは教師が回収し，事後の指導と評価に生かす。

《感想シート》

・自分たちのチームはなぜ（勝った / 負けた）と思いますか。その理由を書きなさい。

・ディベートをしている間はどのような気持ちでしたか。そして，終了した今はどのような気持ちですか。

・その他

8 帯活動

1 帯活動とは何か

　「帯活動」とは，授業中のある時間帯（（例）授業開始直後の５分間）を使ってある一定の期間継続的に行う言語活動のことを言います。毎回の授業中のある時間帯を「帯」のようにそこだけ独立させ，また各回をつないで１本の「帯」になるようにして行う活動なので「帯」活動と呼ばれているものと思われます。私が教諭の頃（2007年まで）には聞かなかった言葉ですから，比較的最近になって使われ始めた用語です。具体的にいつ頃から使われ始めたのかは不明ですが，雑誌『英語教育』（大修館書店）では2012年の５月号で「毎日コツコツ帯活動　積み重ねで学習者を育てる」というタイトルで特集が組まれています。その記事を読んでも，いつ，どこで，誰が，なぜ「帯」活動と命名したのかには触れられていませんでした。各記事を執筆した皆さんは当たり前のように「帯活動」という用語を使われていましたので，おそらく当時はもうすでにその用語は英語教育界の中では定着していたものと思われます。

　ことばの学習は「積み重ね」の学習です。１日短時間でも週に何回かを一定期間継続して積み重ねることで大きな力となります。そして，帯活動のねらいは多種多様です。それは次のように

整理してまとめることができます。

●Motivate the Students（ウォームアップ）

緊張あるいは沈滞したクラスの雰囲気を盛り上げることに一役買いますし，また，「これから英語の学習に入るのだ」という生徒の英語学習への動機づけや雰囲気作りにも貢献します。このねらいについては「第1章 ウォームアップ活動」とも関連するところです。

●Introduction（導入）

文法や語彙などの新出学習事項の導入をスムーズに進めるために行うことができますし，文章読解の前のスキーマ（schema）形成に資する背景知識を与える活動として行うこともできます。

●Review（復習）

既習事項の定着を促したり，読解した内容理解を確認するために行うことができます。

●Supplement & Extension（補充・拡充）

具体的には次の4点に分けられます。

・ ふだんの授業の内容を補ったり，さらに発展させたりする。

（例）　言語材料（文法・語彙など）についてさらに詳しく突っ込んで習得させる，読解をさらに深化させる　など

・ ふだんの授業でできていないことを行う。

（例）　ペアワーク，書く活動，発表活動　など

・ 生徒の弱点補強を行う。

（例）　模擬試験で「語彙力がない」と診断された場合，語彙力増強のための帯活動を行う。

- 生徒の伸ばしたい力を伸ばす。
（例）　スピーチコンテストに備えて，その準備活動・トレーニングを行う。

●Learning to Learn（「学ぶ」ということを学ぶ）

　帯活動は，生徒に自立した学習者（autonomous learners）になることを促すことをねらいとして行うことができます。たとえば，なぜその帯活動を行うのかという必要性と目的・ねらいを自覚させながら，生徒が自分たち自身で帯活動を主体的に行うことで，自主的な学びを促すことができます。あるいは，ノートの取り方（note-taking）やレポートの書き方，自己評価の仕方などの「学び方」（study skills）の習得に役立つよう帯活動を行うことができますし，生徒が自分自身でさらに英語力を高めるための具体的なきっかけを得ることもできます。

　以上のようなねらいを持つ帯活動ですが，実は，帯活動はまた「日頃の授業を変えたい」と思う教師にとってもよいきっかけを与えてくれるものになります。まず，帯活動はあくまでも短時間で行う活動なので，授業のメインとなる指導手順そのものに大きな変化を与えるものではありません。いつもの指導のやり方は保ったままで行えるという「やりやすさ」があります。同時にまた，帯活動を行うことで確実に授業の中身は変わりますし，その活動を通じて教師としての新しい発見が必ずもたらされます。たとえば，生徒への指示の出し方や，生徒の動かし方，生徒の反応とそれをどう受け止め，また返していくかというインターアクションのやり方などなど，教師にとって新しい「気づき」と「学び」がそこには必ずあります。そして，それらがさらなる授業改善へときっと導いてくれることでしょう。

2　帯活動の具体例

　まずは，文法・語彙の定着，そしてそれらの力の伸長をねらいとして行う帯活動を紹介します。

2-1　文法力，英文の構造把握力向上トレーニング

★ 1 What a Sentence!　レベル：初級

① 生徒は 4 〜 5 人のグループになり，机を合わせて大きなテーブル状にし，各自教師から配付された紙のカードに，次の 4 種類の観点で自由に単語や表現を書く。

a. 名詞

b. 動詞（句）（動詞は原形で書く）

c.「どこで」を表す副詞（句）（例）　in the classroom

d.「いつ」を表す副詞（句）（例）　tomorrow, a week ago

② カードを a.〜d. の種類別にまとめ，単語や表現が見えないようにカードを裏側にして a.〜d. の順でテーブルの上にそれぞれの束を置く。

③ 生徒は順に a. から d. へカードを 1 枚ずつ引きながら，ひとつの意味のある英文を完成する。ただし，b. のカードを引いた後，すぐに c. のカードに行くのか，あるいは再び a. のカードに戻るのかをグループの中で相談して決める。結果，すぐに c. に移れば次は d. を引いて終了。出来た英文の動詞の時制や態なども決めて各自ノートに書き留める。一方，再び a. のカードを引いた場合，次はさらに a. のカードを引いてその後 c.,d. へと行くか，あるいは 3 回目の a. は引かず c., d. へと行くのかを決める。いずれにせよ，最終的に出来上がった英文を動詞の時制や態なども決めて各自ノートに書き留める。

④ ③で出来上がった英文をもとに，各グループ内でQ&Aをしたり，各グループの英文を代表が黒板に書いてクラス全体でシェアしながら，英文の文法チェックを行い，内容的なQ&Aを教師がリードしながら行うこともできる。また，これらのやり取りが行えない場合でも，③の各グループの完成した英文を書いたカードは教師が回収し，点検・評価した後に，文法チェックも含めて後日何らかのフォローアップを行うこともできる。

★ 2 Order the Words! レベル：初級～中級
① 生徒をペアまたは 4～5 人から成るグループにする。
② ある英文の単語を教師が順不同で読み上げ，それらを生徒はノートに書き取る。
③ ペアやグループで話し合いながら，書き取った単語を正しく並べ替えて意味の通る英文を作る。
  （例）　正解文：Do you know a song sung by many people?
　　　　　教師が読み上げる単語："a, by, do, know, many, people, song, sung, you"
※ know を no と書き取る生徒もいるはず。正解は no ではなく，know なのだということを，正しく単語を並べ替える作業の中で気づくことが学習となる。
④ 正解を確認し，教師が解説する。

★ 2-1 発展活動 1 レベル：初級～上級
正解文を使ってペアで 1 分間会話（1 minute chat）する。
  （例）　A: Do you know a song sung by many people?
　　　　　B: Yes, for example, the Beatles' songs are sung by many people in the world.

A: Yes, that's right. I think *Yesterday* is one of them.

B: I agree. Actually, I remember that song was intro-
duced in the textbook of music classes in my junior
high school.

A: Me, too. And I sang it with my classmates in the
class chorus contest at school!

★ 2-2 発展活動2 〔レベル：中級～上級〕

正解文を応用して，さらに別の文を作ってみる。

（例）　・　分詞の限定用法をテーマとするなら

Do you know a book *written* by a Japanese comedian?

・　後置修飾をテーマとするなら

Would you tell me the movie *which moved you most
so far*?

★ 3 Find Out the Lie! 〔レベル：初級～中級〕

① 生徒はペアになって，一方の生徒があるテーマについて4つ
の英文を口頭で相手に伝える。4文のうち，1文は内容的に
嘘を含む英文とする。

② もう一方の生徒は，英文を聞いてその嘘を当てる。

・　1回目で当たったら3ポイント，

・　2回目で当たったら2ポイント，

・　3回目で当たったら1ポイント，獲得する。

③ ペアの中で役割を換えて行い，ポイント数が多い方を勝ちと
する。

（例）　テーマ：「比較級：I like ～ better than ....」

a. I like apples better than bananas.

b. I like math better than English.

    c. I like fish better than hamburgers

    d. I like Arashi better than Hey-Say Jump.

★ 3-1 発展活動　レベル：中級～上級

① 教師は生徒にシートを配付する。生徒はペアの相手が言った
　英文をそれぞれ自分のシートにメモする。嘘を含む英文につ
　いては，正しい内容にしてメモする。

　（例）（d. が嘘だとして）Keiko likes Hey-Say Jump better
　　　　than Arashi.
　　　　　　※ペアの相手の名前は「恵子」。Keiko を主語にして書
　　　　　　　く。

② 何人かの生徒がクラスの前で，①でまとめたことをレポート
　発表（口頭）する。その後，教師は生徒のシートを回収し，
　点検・評価後，返却時に共通の誤りや注意すべき点などにつ
　いてフィードバックする。

★ 4 Grammar Hunt　レベル：初級

① 生徒にペアを組ませる。

② 既習の教科書などのテキストを用いて，教師が特定の文法項
　目を含んだ英文をそのまま抜き出して言う。

③ 生徒はその英文を探し出し，先に見つけた方が勝ち。

④ 全体で正解を確認し，意味を確認する。また，文章のコンテ
　クストの中でどのように有効にその文法項目が機能している
　かにも着目して解説，確認する。

補足

▶ 英文そのものではなく，「SVOC の文型」，「現在完了の経験用
　法」，「to 不定詞の形容詞的用法」などと指定して，該当する

英文を探させることもできる。その際には，探す速さだけで
なく，決められた時間にどれくらいたくさんの英文を探すこ
とができたかという英文の数で競わせることもできる。

▶ 教師が与えるのは，探す英文の日本語訳とすることもできる。

▶ 教師が与えるのではなく，代表の生徒が日替わりで全体に与
えることにすることもできる。

▶ 初見のテキストを使っても行えるが，負荷が高まる。

2-2 語彙力増強トレーニング

★ 1 Word Gift 　レベル：初級〜中級

① 生徒にペアを組ませ，授業の最後に，その日に扱った教科書
（本文）の範囲で自分が覚えたい単語を5つ選び，お互いに
相手に告げる。

② 生徒は各自，相手から告げられた単語を含む英語の短文例文
を1つの単語について1つ，計5つ次時に用意してくる。例
文は辞書からの引用を原則とするが，生徒オリジナルでも可
とする。その場合は，事前に教師からチェックを受けること
とする。

③ 次の授業の最初に，お互いに，「単語→例文」の順で口頭で与
え合って，テストし合う。日本語でその単語の意味が言える
かチェック。1問1点。ペアで合計何点とれたかでクラス全
体で競争。集計表も作って累積して継続的に記録し，その
時々の「最強ペア」を確認する。

補足

▶ 単語の意味だけでなく，例文の意味も正しく言えたら追加点
を与えることもできる。

184

▶ 例文の意味に加えて，例文を正しく書き取ることができたら（ディクテーション）さらに加点する。

▶ この活動専用のノートを生徒各自に用意させ，記入させて，時々教師が回収して点検・評価し，返却時にフィードバックして指導することもできる。

★2 My Corpus レベル：初級〜上級

① 「核」となる単語（core word）を設定する（特に動詞だと広がりがあってよい）。

② その単語を含む，自分が使いたいと思う，あるいはこれからよく使うであろう表現について辞書で調べて，教師から配付されるシートに3つから5つ程度まとめる。

（例）

Core Word: cause

・The train accident caused me to be late for school.
（その列車事故のために私は学校に遅刻した。）

・The result of this exam will cause me a serious problem.
（この試験の結果は私に深刻な問題を引き起こすだろう。）

・in the cause of justice（正義のために）

まとめ方は文でもフレーズでも可。辞書に載っている表現をそのまま引用してもよいが，自分に当てはまるようにアレンジしてまとめるとなおよい。

③ ペアでシートを見せ合い，シェアする。誤りに気づけば，お互いに指摘し合い，修正する。また，相手のシートに記載された表現で，自分も「これは知らなかった」とか「これは使ってみたい」と思う表現をシートの別の箇所に書き写し，記録しておく。

④ 教師はシートを回収し，点検・評価した後，返却時にフィードバックして指導する。

⑤ 生徒それぞれがシートを継続してファイルして保存していくと，自分だけのオリジナルのコーパス・ファイルが出来上がる。各自で活用し，語彙力増強につなげる。

★ 3 Share the Definition!　レベル：中級～上級

★ 3 - 1 基礎編 1

　生徒を全員起立させ，教師は英英辞典を活用しながらある英単語の定義を英語で読み上げ，その単語を当てさせます。生徒には挙手をさせて，早い生徒から指名し，答えさせます。正答した生徒は自分を含む「縦列」か「横列」かを選び，その列の生徒全員が着席します。原則として，生徒全員が着席するまで，これをくり返し行います（Criss Cross Game と呼ばれる方法）。

補足

▶ 前時の授業で扱った単語を取り上げれば，復習活動となる。一方，これから教科書本文などで扱う単語を取り上げれば，導入活動となり，スキーマの活性化やオーラル・イントロダクションへとつなげることができる。

▶ 生徒が解答に詰まった時には，"This word starts with ○（該当単語の頭文字のアルファベット）." と言い，ヒントを与えると生徒は答えやすくなる。

★ 3 - 2 基礎編 2

　生徒はペアを組み，机を合わせて真ん中に消しゴムをひとつ置きます。教師は英単語をひとつ生徒に提示します。そして，その定義を読み上げますが，正しい定義ではないものもいくつか含め

て読み上げます。生徒はその単語について正しい定義が読み上げられた時に，早い者勝ちで消しゴムを取ります。

補足

▶ 消しゴムを取ると何点というふうに得点制にして競争させてもよい。また，単語によって得点数を変えるなど，バリエーションをつけるとさらに盛り上がる。

★ 3-3 発展編1

　教師が英単語を与えて，生徒がその単語の定義を英語で答えるトレーニングです。生徒が上級レベルであれば，口頭のみで挙手や指名により次々と進めることができますが，そうでなければ次のように進めるのがひとつの方法です。

① 教師は単語を3つから4つ用意しておく。生徒は各自のノートあるいは配付されるシートを使って，教師から提示される単語の定義を英語で書く。ひとつの単語について所要時間は1分として，その制限時間内でできるだけたくさんの定義を書く。1分経過したら教師は次の単語を与える。

② すべての単語が終了したら，生徒はペアを組んで，お互いに自分が書いた定義を見せ合う。話し合って単語をひとつ選び，その単語についての定義をペアで協力してなるべくたくさん作り，ノートやシートに記入する。ここでも所要時間を区切って行う。目安は2分から3分程度。

③ 数名の生徒から②で作った定義をクラス全体に発表してもらう。その後，英英辞典に書いてある実際の定義を教師が読み上げる。生徒は異なるペア同士でノートあるいはシートを交換し，お互いにそれぞれの定義の良さを指摘し合う。

④ 各単語についての正解例となる英語の定義や日本語訳につい

ては，あらかじめ教師が「正解例シート」を作っておいて最後に配付してもよいし（板書でもよいが，時間節約のため），生徒は正解例については各自で後で調べてノートやシートに書いておくということでもよい。いずれにせよ，ノートやシートは適宜教師が回収し，点検・評価などを行った後，返却時にコメントをしてフィードバックする。

★3-4 発展編2

生徒がペアになって，お互いに英語で定義を与え，相手がその英単語を答えます。

補足

▶ 定義を与える単語の選択をまったくのフリーにすると上級者用の活動となる。単語の選択については，教師が指定する方法と，生徒がペアで話し合って扱う単語をあらかじめ決めておく方法がある。

▶ 例文を用意して与えたり，シソーラスなどを活用して同義語や反意語なども調べておいて与えたりするとヒントになり，またお互いに勉強の幅が広がる。

▶ 単語を答えた後，綴りについてもノートなどに書いて確認するとよい。

★3-5 発展編3

生徒がペアになって，お互いに単語を与え，相手がその定義を英語で答えます。

補足

▶ 単語の選択については「2-2 ① Word Gift」（p.184）の方法

と同様。

▶ 基本的には口頭のみでの活動となる。正解例となる定義については口頭で与えるのみ（後は各自で調べて勉強する）としてもよいが，シートにメモしておいて，終了後それを相手に渡してもよい。

▶ IC レコーダーやスマートフォンなどの録音機器を用意して，自分の答える定義を録音して後で聞いてみるととてもよい刺激になるし，勉強になる。さらなる学習への動機づけとして効果的である。

発展編 1 〜 3 を継続して行うことは，生徒が自然に英英辞典を購入し，活用するようになるよいきっかけとなるでしょう。

★ 4 Chime and Words 　レベル：初級

① 既習の英単語10語程度（チャイムの長さと生徒のレベルによる）について，左側にチェックボックスの付いた日本語，右側に英語を書いたシートを用意して，授業の始業チャイムが鳴る前に生徒に配付しておく。生徒はシートを真ん中から2つに折って，日本語だけが見えるようにして机の上に置いておく。

② 始業チャイムが鳴ると同時に，日本語に対応する英単語を各自素早く言う。言えたらチェックボックスにチェックを入れる。チャイムが鳴り終わったら終了。

補足

▶ 生徒はチャイムが鳴り終わる前にすべてを終えようと集中して取り組むことができる。そのためにも単語の質と量をよく考えてシートを作る必要がある。なお，シートは繰り返し何

度か同じものを使って，より定着を確実に促すこともできる
だろう。いずれにせよ，この活動を行うと，授業の開始がと
てもスムーズになり，ウォームアップにもなって，一石二鳥
である。

2-3 文法力および英文の構造把握力と語彙力の統合型トレーニング

★ 1 Sudden Dictation 　レベル：初級～上級

やり方は簡単。シートを生徒に配付し，英語で読まれた文章の
最後の1文を書き取る，というものです。

ディクテーションは，第2章で触れた通り，リスニング力に
加えて文法力および英文の構造把握力と語彙力を統合的に高める
ためにはよいトレーニングであると言えます。ただし，このト
レーニングはふつうのディクテーションとは異なり，生徒は文章
のどこで音声が止められるかわからないため，かなり負荷のかか
る活動となります。特に，初見の文章は難度が高くなります。上
級者にはよいトレーニングになりますが，初級～中級の学習者に
は次のような工夫と配慮をするとよいでしょう。

・ 既習の文章を扱う。1～2学年前の過年度の教科書などから
の文章を使うとよい。とにかく，最初は易しい文章から始め
る。

・ 文章の音読を事前にみっちりと行う。実際，この活動を継続
的に取り入れると，授業での音読練習への取り組みが良くな
り，集中して声もしっかり出すようになる。また，家庭でも
音読練習を行ったり，教科書本文の書き取り練習も行うよう
になる。

補足

　与える文章の読み上げは教師が行う他に，CD を使って行ったり，生徒同士ペアやグループで行わせることもできる。

2-4 大きく 4 技能の伸長，および表現力やコミュニケーション能力の伸長をねらいとして行う帯活動の例

★ 1 Songs 〔レベル：初級〜上級〕

　英語の歌を使った活動については「第 1 章　ウォームアップ活動」で紹介したとおりですが，帯活動として継続的に行うためにはそれなりの計画と工夫が必要です。肝心なのは，ひとつの歌について一度にすべての活動を行おうとせず，毎回少しずつ短時間で，しかし，しっかりとねらいを持って行うことです。具体的には，ひとつの歌でも 1 回の授業の帯活動で取り上げるのはその一部（1 スタンザ）でもよいのです。教材としての歌の利用方法については次の 4 つに分類できます。

・聞き取って穴埋めやディクテーション
・文法や語彙の導入や復習として
・日本語に訳してみる
　→訳詞家になったつもりで意訳も含めて行い，「翻訳コンテスト」を開催することもできる。また，それらの生徒の作品をまとめて，オリジナルの「訳詞集」を作ることもできる。
　→ real life に基づく，生きた「異文化学習」にもなる。
・実際に歌を歌う
　→これができるクラスの雰囲気作りができるとよい。さまざまな方向でプラスの影響が期待できる。

★ 2 Who [What] Am I? 〔レベル：初級〜中級〕

　おなじみの "Guess Who?" game です。ただし，「人」だけでな

く，次のように「物」や「場所（地名)」について行うこともできます。

（例）

> **Can you guess what I am? I am one of the prefectures in Japan. What am I?**
>
> Hint No. 1: I have the lowest divorce rate in Japan.
>
> Hint No. 2: I have the largest area for growing *edamame* in Japan.
>
> Hint No. 3: The percentage of our students moving to high school is No. 1 in Japan
>
> Hint No. 4: I am famous for my delicious rice and *sake.*
>
> ...
>
> （答）Niigata prefecture（新潟県）

　教師から生徒に対して行うだけでなく，1回の授業の帯活動としてひとりから数名の生徒をあらかじめ割り振っておき，準備させておいて，生徒に行わせることもできます。その場合は，事前指導が必要でしょうが，生徒にとってはよい勉強になります。また，次のようなルールや工夫を加えるとよいでしょう。

・ 解答できるのは1人1回とする。
・ 解答はペアやグループで話し合いながら行うこともできる。
・ 出題者が用意してきたヒントをすべて言っても当たらない場合は，解答者が出題者に質問をして当てていく。
・ 得点獲得形式にして，個人やペアあるいはグループで競わせる（早く当てるほど得点は高くする)。

★3 1 Minute Speech / Show & Tell　レベル：初級～上級

　文字通り授業の最初の1分間を使って行う生徒のスピーチあるいは Show & Tell の活動です。前もって準備する prepared speech で，次の流れで行います。

① テーマは自由。ただし，慣れないうちは教師から次のような
出だしを与えてやらせてもよい。

（例） I'm going to talk about what I enjoyed most at junior
high school.

② speaker はスピーチを始める前に次の 2 つのことを行う。

・ 内容に関する英語の質問を 2 つ黒板に書く。聞く側に目
的と動機づけを与えるためである。

・ 難しいと思われる単語や表現とその日本語訳を黒板に書
く。生徒はスピーチの準備をする際にどうしても和英辞典
に頼ってしまい，その結果自分だけわかって聞き手が知ら
ない単語などを使いがちになるためである。

③ 生徒はペアを組み，その後スピーチが始まる。スピーチの後，
板書された 2 つの質問に対する答えをペアで話し合う。自分
たちの答えを全体に紹介するペアは最初はボランティアを募
り，出なければ指名する。なかなか答えが出なければ，答え
に結びつく箇所について speaker から再度スピーチをしても
らう。

④ speaker に対する質問をペアで話し合う。質問するペアは最
初はボランティアを募り，出なければ指名する。教師が質問
して例を示してやると，質問する生徒が出てきやすくなる。

★ 4 One-Person-Two-Roles Discussion
（1 人 2 役ディスカッション）　　　レベル：中級〜上級

次のフォーマットにしたがって，生徒はあらかじめ発表原稿を
用意しておきます（語数としては100語程度）。

The discussion point is ＿＿＿＿＿＿＿＿＿＿＿＿＿ .

Some people will say, "_____ ."

Other people will say, "_____ ."

And I think _____ .

＊

（例）　The discussion point is whether or not we should refuse a plastic shopping bag given at a super market or a convenience store. Some people will say, "Yes, we should refuse it because it's bad for environment and ecology." Other people will say, "No, we should not refuse it because it can be reused for a garbage bag." And I think we should basically bring and use our own shopping bags and only if it is necessary we can use a plastic bag given at a shop when shopping.

　なお，テーマ（discussion point）は原則 1 回の帯活動につきひとつとし，あらかじめ割り振られていた生徒 2 ～ 3 名が授業の最初にクラスの前で順に発表します。その後，教師主導でQ&A を行うなどして，クラス全体でコミュニケーションを深めます。

　テーマ（discussion point）については，たとえば次のように設定できます。

・ 教科書などの本文に関わる内容についてのテーマ

・ 教師が提示するテーマ

・ 生徒が各自で自由に設定するテーマ

★5 Small Talk 　レベル：初級～中級

　授業に本格的に入る前の軽い「雑談」です。ただし，教師の「独り言」で終わらないよう，なるべく多くの生徒をその「雑談」に巻き込みながら英語の授業にスムーズに入っていかなければなりません。次のように行うとよいでしょう。

・ ティームティーチングであれば，JTE と ALT と生徒で行う。

ソロの授業であれば，JTE と生徒で行う。それぞれ大きく 3 者あるいは 2 者で行うコミュニケーションと捉える。教師（JTE, ALT）から生徒へ質問。あるいは，逆に生徒から教師へ質問を促す。

・ 教師（JTE, ALT）は話しながら自分（たち）の話す key word や生徒がわかりにくいと思われる語句を板書する。そして，生徒とコミュニケーションしながらその key word を指す。板書した語と音を同時に聞くことで，生徒は意味を推測しやすくなる。また，生徒が話す英語についても同様に必要に応じて板書しながらコミュニケーションを進めると，全体を巻き込みながらの確認ができる。

★ 6 リーディング活動 〔レベル：初級～上級〕

「読む」活動は自宅でもできるので，教師や他の生徒のいる貴重な授業の時間では他のことを行うべきである，という考えがあります。しかし，生徒の実情によっては，クラス全体で 5 分でもいいので全員で何かの読み物を黙読するという活動を行ってもよいと思います。学習習慣の定着や学びに対する動機づけに結びつくものになりうるからです。ただし，その場合でも，「何を」「どのように」読ませるかということが重要です。詳しくは「第 5 章　読解を中心とした活動」をお読みいただきたいと思いますが，「何を」については，たとえば次のようなものがあります。

・ 今使っている教科書
・ 過年度の（かつて使ったことのある）教科書
・ 新聞，雑誌，書籍など
・ いわゆる graded readers や絵本など

そして，「どのように」については，たとえば次のような実践例があります。

（1）今使っている教科書

　授業開始直後から3分間，前時の授業で扱った教科書本文を全員で黙読。その後，全員起立してその本文の内容に関わる質問を教師が英語で生徒に与え，Criss Cross形式（本章2‐2 3-1 基礎編1，p.186）で生徒は答え，着席していく（この活動が定着すると，授業開始前から教科書を読み始める生徒も出てきます）。

（2）過年度の教科書

　授業終了10分前，過年度の教科書を使って該当のページを指定する。2分間黙読の後，3分間各自音読練習。その後，生徒1人1文で最初の列の先頭の生徒から音読し，順にリレー形式で音読をつないでいく。文章の最後を読み終えたらまた最初に戻り，それを繰り返す。チャイムが鳴り終わるまでにクラスの生徒全員が音読することができるかどうか。（生徒は本当に集中して取り組みます。「仲間に迷惑はかけられない，みっともないことはできない」という思いが働くのでしょう。）

　なお，授業開始時ではなく，終了前としたのには次のような理由がある。

・　一般に，授業の後半に教科書の内容理解や音読活動をすることが多く，その流れに沿ってさらに発展させた形で行うことができる。
・　上記の活動の性質上，成就感あるいは課題を感じつつも盛り上がった雰囲気で次につながる気持ちを持って授業を終えることができる。

　また，黙読，音読されるページについては，次のような観点で指定するとよいだろう。

・　本時の授業の教科書本文の内容と関連する内容を含むページ

- 本時の授業で扱った文法や語彙などの言語材料を含む，あるいはそれらと関連する言語材料を含むページ
- まったくシンプルにレッスン順に，あるいは最初は奇数レッスン，次に偶数レッスンということで順番に素直に頭から指定していく。

(3) 新聞，雑誌，書籍など

●英字新聞を活用した実践例は多いが，帯活動として行う際に留意すべきは所要時間である。時間をずるずると延長しないこと。読みきれなければ後は各自で自宅にて，と割り切ること。そして，細部の理解チェックにこだわらないことも重要である。「楽しみながら読んで各自が自分のペースで少しずつ理解が広がり，深まっていけばよい」程度の意識で活動を位置づけるのが継続するコツ。

　たとえば，英字新聞の「人生相談」や「占い」などの記事は教材としてよく用いられる。ペアで内容確認を行い，書かれてあることについてどう思うかという感想を交換し合ったり，自分ならこういう回答をするとか，このように解釈するというオリジナルな発表活動につなげていくこともできるだろう。

●漫画を使った活動も楽しくできる。具体的には次のような方法がある。

① ４コマ漫画など，コマ割でストーリーのある漫画のコマを切ってバラバラにしたものを，セリフの英語と絵を手掛かりに正しく並べ替えさせる。

② あるセリフの英語を選んで，その日本語訳の選択肢をいくつか用意しておいて正しいものを選ばせる。あるいは，選択肢を与えずに，一から訳させる。

③ セリフの単語や語句をいくつか抜いておいて入れさせる。

選択肢を与えてもよいし，日本語訳を与えてもよい。

④ セリフを消して空欄にしておき，そこに生徒がオリジナルのセリフを入れてストーリーを作る。

いずれの方法もペアやグループで行い，学び合い，教え合いながら全体で情報や作品をシェアし合って行うとよいだろう。繰り返しになるが，あくまでも帯活動として行うならば，10分なら10分としっかりと時間を区切ることも重要である。

ちなみに，英字新聞の漫画を読むと，どこに「オチ」があるのかわからなかったり，ネイティブならすぐに汲み取れるニュアンスがまったく飲み込めずにその「面白さ」に気づかない場合がある。英字新聞の漫画は教材として英語の学習に役立つのみならず，異文化理解・異文化学習という意味でも役立つものだと言える。

★ 7 リフレクション活動 　レベル：初級〜中級

授業の最後の5分間程度を使って，その日の授業などの振り返りを行い，記録してストックする活動です。英語学習に関するポートフォリオ的な役割も果たします。

できれば生徒に専用のノートを用意させたいところですが，教師の方でシートを作って配布してもよいでしょう。大切なのは，ノートにせよシートにせよ，教師が回収してコメントを書いて返してやるなどのフィードバックを行うこと。継続すること。記録を紛失しないこと。そして，生徒は時々過去の記録を振り返って見直すこと，です。

振り返りの際には，たとえば次の5つの観点を用いるとよいでしょう。

(1) 今日の授業で「やった！」「できた！」「わかった！」ことを書きましょう。

(例)「最後まで間違えずに音読できた」

「仮定法と直説法の違いがよくわかった」

(2) 今日の授業で「できなかった」「よくわからなかった」ことを書きましょう。

(例)「won't と want の発音と聞き取りがまだよくできていない」

「本文の内容に関する英問にうまく答えられない」

(3) (2)を「できる」「わかる」ようにするにはどうしたらよいかを書きましょう。

(例)「自宅で CD を繰り返し聞いて発音もする。ALT の先生から教えてもらう」

「本文の内容理解が不十分だからだと思う。自宅でよく復習をして読み込みたい」

(4) 今日読んだ文章の中から一番印象に残った文を書き出し，その理由や感想も書きましょう。

(例)「The time you enjoy wasting is not the wasted time.「よく学びよく遊べ」ということか。何事も心を込めて真剣に楽しむことが重要なのだと思う。」

(5) 今日の授業で学んだ英文法の確認です。次の問いに英語で答えなさい。

(例) 仮定法

If you brought one book to an uninhabited island and spent one year, what book would you bring and why?

★ 8 ペア・ワーク レベル：初級～上級

A ペアで英語を話す 1 Minute Activity アラカルト

★ 8-1 1 Minute Quiz

① 生徒に暗記してもらいたい単語，語句，英文などについて，シートの左半分にチェック（✓）を入れる四角（□）と日本語，右半分にその訳となる英語を記した quiz sheet を用意してあらかじめ生徒に配布しておく。

② 授業開始チャイムと同時に全員起立してペアになり，一方の

生徒がシートの英語を隠した状態で日本語を見て英語に直していき，片方の生徒がその英語を聞いて合っていたら四角にチェックを入れていく。1分経過したらペアで役割を替えて，同様に行う。

③ ペアの2人とも終了したらシートを交換し，チェックの入り具合を確認して，次時までにさらに暗記を完璧にする。

④ 次時においては，前回チェックが入っていない箇所についてお互いに quiz を出し合い，すべてにチェックが入ったら，次のシートに進む。

★ 8-2 1 Minute Chat

　教師から与えられたテーマについて2人で会話を続ける。全員起立して行い，3秒以上の沈黙が続くと座らなければならないルールとする（以下，「3秒ルール」と呼ぶ）。最初にティームティーチングであれば JTE と ALT で，教師1りの授業であれば教師と生徒でモデルを示してから行うとやりやすくなる。テーマの例は以下のとおり。

・ What is your favorite food? And why?
・ Which country would you like to visit? And why?
・ Did you enjoy the school festival last week? など

★ 8-3 1 Minute Speaking

　8-2 のようなテーマについて，即興ないしは数分間の準備時間を与えた後に，1分間英語でパートナーに話し続ける。3秒ルールやモデルの提示などについては 8-2 と同様。

★ 8-4 1 Minute Interview

　8-2 のようなテーマについて，1分間英語でパートナーに質

問し続ける。パートナーは質問について一つ一つ答えていく。
3秒ルールやモデルの提示などについては 8-2 と同様。

★ 8-5 1 Minute Retelling

前時に学習した本文の内容を即興で自分の言葉で話す。初級で
あれば日本語でも可。3秒ルールやモデルの提示などについて
は 8-2 と同様。

B Guess What!

ペアでじゃんけんをして，負けた方が黒板に背を向けて目を閉
じます。教師は黒板にいくつか英単語を書きます（（例）base-
ball, guitar, bread, gym, など）。じゃんけんに勝った生徒は黒板
に書かれた単語を使わずに，英語を使ってそれらの単語をパート
ナーに当てさせます。

補足

▶ ジェスチャーを可とするか，不可とするかで難易度はかなり
変わる。
▶ 時間制限をして，いくつの単語を当てられたかを競わせる。
▶ 当てる単語の順番は問わない。また，パートナーが答えられ
ず詰まってしまったら，次の別の単語に進んで可とする。

C 英会話 Time Trial（"10 Seconds Challenge"）

パートナーからの問いかけに10秒間でできるだけたくさん英
語で返答します。問いかけるパートナーは問いかけるだけ，答え
るパートナーは答えるだけ，とします。

（例）A: Do you stretch regularly?
B: No, not really. I'm not stiff usually, so I don't think I

need to stretch. And, actually, I don't know how to stretch. But I'm interested in stretching. Do you stretch regularly?

これを「回転寿司 chat」方式（p.158）でパートナーを替えながら制限時間内で行います。

① 質問については次の3通りのやり方がある。

・ 質問をひとつ設定して，その同じ質問にずっと答えていく。

・ 一人一人違う質問を設定して，答えていく。

・ 数人ごとに違う質問を設定して，答えていく。つまり，たとえば，同じ質問に3回連続して答えたら，次は別の質問になり，それに3回連続して答えたら，また別の質問になる，というふうにすすめる。

② すべて終えたら生徒は「振り返り活動」を行う。たとえば，活動終了後少し時間をとって，生徒は「こんなふうに言いたかったけれども言えなかった」こと，「こんなふうに言えたらいいなあ」と思うことを日本語のメモで書き出して，その後自宅で調べて「振り返りシート」に記入し，まとめる。翌日，パートナーに見せて，添削し合う。その後，教師に提出。教師は評価し，共通する誤りや指導すべき点を次の授業で指摘・返却・フィードバックする。

D 「音読チェックシート」を用いたペア活動

生徒が各自自分のレベルに合わせて活動を設定し，ペアで評価し，励ましあいながら教科書などの本文を音読し，暗記・暗唱に結びつける活動です。

次の「音読チェックシート」を生徒に配布します。

音読チェックシート	【（　）月（　）日】

（　）年（　）組　名前:＿＿＿＿＿＿＿＿＿＿

レベル	評価
1　本文を見ながら音読する	☆　☆　☆
2　本文をなるべく見ないで音読する	☆　☆　☆
3　各文の出だし数語のみを見ながら音読する	☆　☆　☆
4　key words & phrases を見ながら音読する	☆　☆　☆
5　何も見ないで音読する	☆　☆　☆

パートナーからひと言（名前:＿＿＿＿＿＿＿＿＿＿＿＿）

＿＿＿＿＿＿＿＿＿＿＿＿＿＿＿＿＿＿＿＿＿＿＿＿＿＿＿＿＿＿

＿＿＿＿＿＿＿＿＿＿＿＿＿＿＿＿＿＿＿＿＿＿＿＿＿＿＿＿＿＿

＿＿＿＿＿＿＿＿＿＿＿＿＿＿＿＿＿＿＿＿＿＿＿＿＿＿＿＿＿＿

補足

▶ レベル 3 と 4 については教師があらかじめ別シートを用意して事前に生徒に配布しておく。

▶ 評価については☆印を塗りつぶす。塗りつぶす印の数が多いほどプラスの評価となる。

▶ ペアで音読をし合い，お互いに評価し，「ひと言」でコメントを書いて交換する。レベルは各自自分で判断して選択し，行う。終了後，教師はシートを回収し，評価と今後の指導に活かす。

★9 グループ・ワーク 〔レベル：中級〜上級〕
★9-1

生徒を 4 〜 5 人のグループに分けて，各グループに 1 つサイコロを渡し，1 人ずつ振らせて 1 から 6 の目にあらかじめ設定されたトピックについて即興で話させます。1 人 1 分と時間を決めて行います。トピックとしては次のようなものが考えられます。

・ What are you going to do this weekend?
・ What did you enjoy most when you were at junior high school?
・ Do you remember what you learned in the last English class? Tell us one of them.

★9-2

事前準備にやや時間がかかりますが，授業開始後の数分間を使って，生徒オリジナルの skit（寸劇）を発表させる場として帯活動を設定することができます。例として，以下に 3 つ挙げます。

● TV コマーシャル

何かの商品やサービスなどを売り込むという設定。

（例）

> S1: This hair jelly is super!
> S2: Yes! It sticks your hair very hard.
> S3: Really? Let me try it.... Umm... , yes, you're right. Now my hair has got set very hard. This hair jelly is excellent! How much is it?
> S1: It's just 1,000 yen.
> S3: OK. I'll buy it.

S2: Oh, I've almost forgot to tell you one thing.

S3: What is it?

S2: In order to wash away the hair jelly, you've got to use this special liquid.

S3: What? Then, how much is that?

S1&S2: It's 10,000 yen!!

● 日本文化紹介

日本的なものや文化を紹介させる。身近で具体的なものを選ばせるようにするとよい。

（例）「お守り」

Jane: Hello, Hitomi.

Hitomi: Oh, Hi, Jane!

Jane: I wonder what is the small pouch hanging from your bag. It's very beautiful.

Hitomi: This is called *omamori*.

Jane: *Omamori*? What is it?

Hitomi: It's a kind of charm, which is believed to bring good luck. This *omamori* is specifically believed to bring knowledge.

Jane: Knowledge?

Hitomi: Yes. This *omamori* is supposed to make me smart and clever, so that I can get full marks in all the tests I take.

Jane: And does it work?

Hitomi: Well, it hasn't so far. It'll take some time till it works fully.

Jane: …

● 既習の本文の内容に沿って，登場人物になりきって演じさせる，あるいは，登場人物へのインタビューや記者会見という設定で演じさせることもできる。本文の読解，特に「行間の読み取り」とも関連するので，本文の内容の読み取りを深める意味

でも意義のある活動になる。

（例）（浦島太郎の記者会見という設定）

> MC: Welcome to the interview meeting of Urashima Taro. Please raise your hand if you have a question.
>
> Reporter A: Why did you save the sea turtle? You didn't have to do that. Don't you think so?
>
> Urashima: I don't think any animals should be beaten, teased or abused. I couldn't allow the children to beat and tease the turtle.
>
> Reporter B: How did you feel when the turtle came back and asked you to visit the Ryugujo?
>
> Urashima: At first, I was very surprised. But soon I felt happy and accepted the offer.
>
> Reporter C: Didn't you think about your work and family at that time?
>
> ...

　いずれにせよ，演じ手も聞き手も楽しんで取り組むことが大事です。次の点に注意して行うとよいでしょう。

補足

▶ ただ漫然と skit を聞かせるのではなく，たとえば skit を行う前に聞き取りのポイントとなる内容を質問形式で板書するなどして提示してから演じると，聞く方も集中して聞くようになる。

▶ 演じ方の上手い下手はあるだろうが，少なくとも聴衆（他の生徒）が聞いてわかるような声量や発音，そして英語や内容でなければならない。事前の練習やチェックが必要となる。最初は負担に感じるかもしれないが，慣れてくると生徒は自分たちでお互いに助言したり教え合ったりするようになり，

その意味でも教育的効果の高い活動となる。

▶ 動画で録画して保存しておくと，事後の振り返り活動の時に活用できるし，また，教材として使うこともできる。生徒や保護者の同意を得た上で，後輩の学年の生徒へのサンプルやモデルにもなる。

---

3 帯活動の留意点

帯活動を，持続可能で実り多いものにするための留意点を以下にまとめます。

●できれば専用の小型ノートを生徒各自に用意させ，「言いたかったけれど言えなかったノート」と題して，「こんな表現が使えたら良かった」と思った表現を日本語でメモさせます。ノートの用意が難しければ，帯活動で使うワークシートに欄を作ってもよいでしょうし，教師の方でプリントを用意して配付してもよいでしょう。

まとめ方として大事なのは，必ず日付を残しておくこと，そして，最初のメモは箇条書きで素早く書き取っておき，最終的にはその表現の英訳と例文を整理した形で（日本語を左ページ，英訳と例文を右ページというふうに）まとめて保存しながら，覚えていくということです。

日本語表現の英訳は個々の生徒やペアで調べさせて，その後回収して教師が点検し，必要に応じて修正，そしてフィードバックを行うと丁寧です。また，最初のメモの日本語の箇条書きの段階で回収し，次時に教師からそれらの英訳を紹介することもできます。

いずれにせよ，「英語を使いながら学ぶ」というサイクルを

帯活動で継続的に行うと生徒のモティベーションが高まり，英語の力は確実に向上します。

● 冒頭の「第1章　帯活動とは何か」で触れた通り，帯活動にはさまざまなねらいや目的があります。「何のためにこの帯活動を行うのか」という目的や理由を教師が明示的かつ自覚的に把握することが大切です。それがないと長続きしませんし，効果も薄くなってしまいます。また，状況や場合，場面に応じて生徒にそれを伝えることも必要でしょう。生徒たちが自分たちの取り組んでいる活動のねらいや目的を理解して行うことで，中身の濃い充実した帯活動となります。

● 帯活動にも年間計画を立てましょう。いわゆる「投げ込み」や「埋め草」的な帯活動も場合によっては行う場面があるかもしれませんが，基本的には帯活動についても年間の計画を立てて行うべきです。そして，その際の考え方の方向性としては大きく2つあります。ひとつは帯活動を独立した単独の言語活動として捉え，帯活動以外の授業のいわばメインとなる学習事項や言語活動とは特にリンクさせないで行う方法です。もうひとつは，当該学年の英語指導および評価全体のシラバスやCan-do list などと関連づけて計画を作って行う方法です。たとえば，教科書で関係詞を扱う場面であれば，帯活動では to 不定詞の形容詞的用法や分詞の後置修飾などを絡ませた活動を用意して，「後置修飾の復習・導入と習熟」という共通テーマでリンクさせて行うことができます。

● 英語科の教師が学校に複数いる場合，個人プレーではなく，英語科全体のチームプレーとして帯活動を行うのが理想です。英

語科内の協働体制の構築ということにつながる話ですが，これについては「コラム」で詳しく解説します。

● **教科書の学習と分けて，独立した形で行うだけでなく，教科書の学習と関連させた帯活動も当然ありえます。** 次にひとつ例を示します。なお，この帯活動は本文の内容理解を終えた後に行います。具体的には，授業の最初に，前の授業で扱った本文の内容理解の復習として行うとよいでしょう。

（例）　①　生徒が本文の内容を覚えていられるくらいの量の文章（1〜3段落程度）を音読練習させる。

　　　　②　教科書を閉じさせて，音読練習した文章の範囲内で内容に関する質問を教師が生徒に投げかける。生徒はペアを組み，お互いに質問に対する答えを話し合う。

　なお，質問は数字や場所などの細かな情報を尋ねる scanning 的なものではなく，Talk in pairs about what Mary did when she graduated from high school. などといった概要を押さえさせる skimming 的な質問がよいでしょう。

　そのような質問をすることで，生徒は自分の言葉で質問に答えなければならなくなります。つまり，retelling を促す活動です。また，ペアで行うことにより，お互いに足りない情報を補足し合うことができます。そして，その中でさまざまな「気づき」や「学び合い」が行われます。

　最終的には生徒を指名するか，あるいはボランティアを募りながら，質問に対する答え合わせを行いますが，ペアで話した後なので生徒は答えやすくなっていますし，答えとしての情報量も1人だけで考えて答えた時よりも充実したものが期待できます。

この本文内容復習活動を帯活動として行うことで，日々の授業での生徒の本文の音読や内容理解に臨む姿勢が変わります。より積極的かつ主体的に取り組むようになります。肝心なのは継続することです。そして，一生懸命に取り組む姿勢を示す生徒をほめることです。

●帯活動では「聞く」「話す」の活動が多くなります。しかし，実際，生徒同士で会話をさせると，会話が盛り上がらず，しかもすぐに終わってしまうことがしばしばあります。これは意外に「話し手」よりも「聞き手」に問題があることが多々あります。つまり，聞き手がただ黙って無反応で聞いていたり，Yes や OK をぶっきらぼうに繰り返すのみだったりすることに原因があると考えられます。これを改善するために，recast（聞き返し）という方法を意識して行うことで，生き生きとした会話が続きます。具体的には，たとえば，相手が I went shopping yesterday. と言ったら，こちらは Oh, you went shopping yesterday. と主語の I を you に代えてオウム返しで繰り返して相手に同じ文を投げ返します。このような recast を行うことで，相手の言うことを集中してよく聞くようになりますし，また，聞き取った内容の確認にもなります。さらに，相手に「あなたの言っていることはしっかり聞いていますよ」というメッセージを伝えていることにもなり，話し手も聞き手にしっかりと言いたいことを伝えるべく意識してわかりやすく話をするようになります。

少し慣れてくれば，recast の表現を少し変えて，先の例であれば Oh, did you go shopping yesterday? とか，Oh, you went shopping yesterday, didn't you? のように疑問文や付加疑問を使ってもよいでしょうし，Oh, did you? とか，Oh, really? など

のその他の聞き返しや相づちの表現を使う練習も行うとよいでしょう。

そしてさらに進化させて，たとえば，Oh, did you? So where did you go shopping? というふうに内容をさらに発展させる形で会話が行えるように練習を進め，より自然な英語での「やりとり」を行えるようになるよう指導と学習を進めていきたいものです。

●帯活動は10分程度の短い時間でほぼ毎回の授業で行われます。
活動の振り返りの時間も十分に取れないのが実情でしょう。しかし，その「短さ」と「継続性」を利点として捉えて，機器を使って録音し，残しておくと振り返り活動やさらなる発展活動の時に有効に使えますし，何よりポートフォリオとして役立ちます。また，自分の英語力の伸長を自分自身で確認することもできて一石二鳥（三鳥？）です。

私が IC レコーダーなどの録音機器を使って生徒によく行わせるのは，授業中に帯活動で自分がしゃべったことを自宅で聞きなおして，まとめのライティングを整った英文で書かせて提出させたり，ペアの相手の発話をもう一度聞いて，reporting の形で英文に書いてまとめ，次の授業で口頭レポートしてもらうといったことです。要は，listening → writing（→ speaking）の流れを IC レコーダーを有効活用して生み出すわけです。

学校の備品として IC レコーダーを生徒数分購入することは難しいかもしれません。また，生徒の個人負担で購入させるのも無理があるでしょう。もしそうであれば，生徒の持っているスマートフォンを活用させるのもひとつの方法と思われます。IC レコーダーをたとえ数台でも毎年コツコツと学校の備品で

購入し，使用は輪番にするなど工夫してシェアしていくのも現実的な方法です。いずれにせよ，あきらめないことです。「何とか工夫してやれる範囲で精いっぱいやってみる。」ここから始まります。

9 プロジェクト活動

1 プロジェクト活動とは何か

　一般に「プロジェクト活動」とは，ある設定された問題解決を目指したり，作品製作発表を目指すなど，比較的長期にわたって計画的に行われる活動を意味します。代表的な例としては，たとえば「平和学習」という大きなテーマのもと，修学旅行で広島や長崎，あるいは沖縄を訪問する際，事前調査や準備を計画的に行った上で生徒が小グループを作って外国人観光客にインタビューをして，帰校後その結果に考察を加えて冊子にまとめたり，学校のホームページに掲出するなどして発表したり，学年集会や全校集会などでポスターやパワーポイントを用いて発表したりするようなことが考えられます。

　タスクとの関連で言えば，プロジェクト自体ひとつのタスクであるとの捉え方がある一方，複数のタスクの積み重ねがプロジェクトであり，その意味でタスクは個別的であり，プロジェクトは包括的であると捉える見方もあります。いずれにせよ，上の例からもわかるように，プロジェクト活動を行うにあたって特徴的な要素は次の3つです。

　　・「発表」がある（presentation）
　　・自律的な「調査」や「準備」がある（research & prepara-

tion）

・協同的な「学び合い」がある（discussion & collaboration）

　すなわち，コミュニケーションのための英語の総合力を生徒に
つけさせるための技能統合型の指導法がプロジェクト活動であ
り，また，「主体的，対話的で深い学び」を促進するための要素
を十分に含んだ活動がこのプロジェクト活動であると言えるで
しょう。

　プロジェクト活動には計画性と粘り強さが求められますので，
やや腰が引けてしまうところがあるかもしれません。しかし，そ
の先には成し遂げた者にしかわからない充実した達成感が確実に
あります。そして，実は，プロジェクト活動にもさまざまな種類
があって，決してとっつきにくいものばかりではないということ
を以下で例を挙げながら解説します。

2　プロジェクト活動の具体例

★ 1 　教科書を用いたプロジェクト活動　 レベル：中級～上級

　教科書本文の内容読解や，内容理解に基づいた発展的な学習
を，生徒たち自身で行う活動です。なお，以下の活動は１クラ
スが40人の生徒と想定しますが，クラスの生徒数によって，班
を構成する生徒数を調整してください。

① 生徒を以下のように４～５人から成る班に分ける。１回ごと
　にローテーションをして役割分担を換えていく。

　　● 1 班 　教科書本文について次の質問を作成し，提示する。

　　・ signpost questions：リーディングに入る前に本文の
　　　内容の要点あるいは概要について問う質問のこと。この
　　　ような質問を提示されることで，生徒はどのような点に
　　　注意して読んだらよいのか，という読む視点，読む目的

を示されることになる。同時に，それは生徒の読む活動
を助ける目安，「道しるべ（signpost）」にもなる。

・ fact-finding questions：本文の内容理解を確認する質
問のうち，明らかに事実として捉えられる事柄について
問う質問である。

● 2班　教科書本文について次の質問を作成し，提示する。

・ read-between-the-lines questions：いわゆる「行間
を読み取って」答える質問である。本文に書かれてある
ことから推測（infer）して読み取って答えることにな
る。

● 3班　教科書本文について次の質問を作成し，提示する。

・ self-expressive questions：生徒の自己表現を促す質
問である。たとえば，If you were 〜, what would you
say ...? のように，もし自分が本文に登場する人物だっ
たら何を言うか，あるいは何をするか（，そしてそれは
なぜか）ということを尋ねる questions for personaliza-
tion（自分の身に置き換えて答える質問）はそのひとつ
の方法である。

● 4班　教科書本文について要約文（summary）を作成し，
提示する。その際，いくつかの語句について空所を
設けておく。

● 5班　教科書本文の内容をもとに，各班や全体で話し合っ
てみたい論題や話題（discussion point）を作成し，
提示する。

　たとえば，環境問題を扱った本文を読み終えた後であれば，
地球や地域の環境保全のために高校生として取り組めること
について話し合うべく，次のような discussion point を提示
することができる。

（例）　What can we do as high school students to preserve the natural environment?

② 上記それぞれの班に check & help 班（担当する 1 〜 5 班いずれかの班の作成する質問や要約文などの英語をチェックしたり，アイディアをサポートしたりする）をひとつずつ付ける。そうすると全部で10班となり，40名のクラスであれば全員が何らかの役割を担うことになる。

③ 進行は始めのうちは教師が行うことになろうが，慣れてきたら進行役の生徒を 1 〜 2 名決めて（ボランティアでもよいし，輪番制で指名してもよいが，いずれにせよ固定はしない方がよい）行うこともできる。

　このプロジェクト活動を通して，生徒は独自の創意工夫を加えながら，自分たちが読むテキストに積極的に「関わる」姿勢が自然に生み出されます。すなわち，それは「主体的，対話的で深い学び」が促されることに他なりません。

　間違いや誤りが心配で生徒にそこまで任せられない，あるいは，かえって指導に時間がかかってしまい面倒だ，効率的でない，という懸念や反論があるかもしれません。しかし，実際にやってみると生徒は予想以上によくやってくれます。成功するコツとしては，最初から生徒に多くを求めないこと。つまり，「ハードル」を上げすぎないことです。そして，生徒をほめること。たとえば，始めは生徒の分担が半分，教師の分担が残り半分と捉えて，徐々に少しずつ生徒の分担を増やし，生徒が分担した部分をきちんとやってきたら必ずほめることを心がけるとうまくいきます。しばらく試行錯誤をしながらも続けていくと，結局は教員の負担は減って，逆に生徒の学習量は増えて，学びも深まっていることに気づくでしょう。まさに一挙両得のプロジェクト活動です。

★ 2 Song Translation Contest（歌詞日本語訳コンテスト）

　英語の歌の歌詞を生徒に日本語に翻訳させ，その出来栄えを競うコンテスト。以下に具体的な要領をまとめます。

① クラス全体で共通のひとつの歌を決めて行うのが基本であるが，各自で好きな歌を選んでもよい。たとえば，ひと月に1曲として，毎月継続して行うこともできる。

② 評価や順位づけは教師のみで行うのではなく，クラスの生徒全員で投票するなどして，その得点も加味して決めることもできる。その際には，そのように評価する理由も含めて書かせるようにするとよい。なお，評価の観点をたとえば以下の4つに定めて行うと，基準が統一できる。

・ 文法的に正しく解釈している
・ 語彙を正しく解釈している
・ 歌詞全体のメッセージを正しく把握しながら翻訳している
・ 歌詞として生き生きとした翻訳になっている

補足

▶ 歌詞の日本語訳はインターネットで調べれば，容易に知ることができる。そのような安易な方法に頼ることなく，自分の力で翻訳することを指導として徹底すると同時に，念のために教師はインターネットをリサーチしておくことも重要である。

▶ 辞書や参考書などを利用しながら，生徒には各自宿題として家庭で取り組ませることが基本となろうが，授業中に辞書などは使わせずに歌詞の一部だけでも翻訳させて，その後全員で振り返って話し合いをさせると学習が深まり，また，生徒のモティベーションも上がる。

- 歌そのものを歌詞を翻訳させる前に聞かせるか，あるいは翻訳を終えてから聞かせるか（「翻訳を終えてから」の場合は，それまでは聞かせないという「指導」が必要であろうが）という選択がある。それぞれで出来上がってくる翻訳の日本語の「風合い」が異なっていて面白い。
- 初級者向きとしては，歌詞のすべてを翻訳させるのではなく，一部のみ生徒に翻訳させ，それ以外はあらかじめ模範訳を記しておくという方法もある。
- 日本語訳を示して，それを英語に直させるという方法もある。原曲の英語と比較して，分析すると勉強になる。
- 曲選びが思案のしどころである。歌詞の英文の難易度と，意味内容の生徒へのアピール度と同時に教育的適切さということがまず大きな判断基準となる。それ以外でも，盛り込みたい文法事項が含まれているか，生徒に「受ける」曲調か，歌いやすい歌か，新旧の度合いはどうか（新しい歌か古い歌か）などなど，求めたい要素はいくつもあるが，あまり欲張ると決められなくなる。日頃からアンテナを高くして，意識して「使える」楽曲を探し，見つけてストックしておくとよい。
- 出来上がった生徒の作品（翻訳）は冊子にするなどして生徒に配布し，またデータとして保管しておくと，各生徒のポートフォリオとして活用することが可能であり（後の「3　プロジェクト活動の留意点」で詳述），さらに次年度以降にも先輩たちの作品として継続的かつ累積的に有効活用することができる。

★3 企業に売り込め！（Product Presentation）　レベル：中級～上級
　私がかつて勤務した学校での，「総合的な学習の時間」の取り組み例である。生徒は毎年高校2年生になると，先輩OBが勤務

する東京の複数の大手企業を，グループに分かれて訪問する。そして，その企業の製品やサービスなどについて，高校生の視点からの改善意見や提案を先輩 OB を含む会社役員の皆様の前で日本語あるいは英語でプレゼンテーションしてくるというものである。学校全体で取り組む大規模なプロジェクト活動であった（現在でも行われているはず）。

　最終的にはたとえばそのようなプレゼンテーションにつなげるためのいわば基礎的な活動として，次のような段階を追った活動を英語の授業の中で行うことができる。

Step 1: Let's write!

The following passage is a newspaper article written in the 1980s. How do you feel after reading it? What would you say to the writer of the article? Write in English within 100 words.

*

Judging from the great advance of technology now, we may find it easy to believe that computers and other electronic gadgets or tools will continuously develop in the future. People in the year 2020 will spend more money than ever before on those things, which seem to be strange but useful in their everyday life. Unfortunately, however, as is the case in the Eighties, those gadgets will be popular only among young people.

We are now living in the Eighties, surrounded by a wide variety of goods and products made by the advance of technology such as pocket computers, calculators, portable stereo units, and mobile phones. They will not be the same in the next century: they will be refined and sophisticated in design and will be more easy-to-use and compact. Moreover, their prices won't be so high that young people, including students, will be able to buy them quite easily.

One of the worries, however, is that the technology in 2020 will have

advanced so much that human beings will be controlled by machines and products made by themselves or they will even lose their jobs because of those things. People in 2020 will be confronted with these problems and have to solve them.

*

【解答例】

I feel people in the 1980s began to feel the advantages of the development of technology and enjoy them. However, they underestimated the future development of technology, which would lead to the great popularity of the gadgets. Today, not only young people but elderly people enjoy using them.

I would say to the writer, "Yes, you're right. We, people living in the 21st century, are worried that our current jobs will be substituted by the machines and products produced by the advance of technology. We are now facing the big problem. However, we've got to solve it!" (97 words)

Step 2: Project Work

What kind of IT gadgets do you think will be produced in the future? Form a group and talk about this. Then make a presentation of your group's idea in front of your classmates.

【活動のねらい】

出てきたアイデアをグループ内で話し合い，意見をまとめて全体の前でプレゼンテーションできるようなコミュニケーション能力を育成する。具体的には，次のような目標が考えられる。

(1) 将来作られるであろう IT 機器を簡潔かつ的確に説明することができる。

(2) (1) を聞いて，質問したりコメントを加えたりすることができる。

(3) グループで話し合って，代表となる IT 機器を決めること
　　ができる。
(4) グループで協力してプレゼンテーションができる。

【指導の手順】

指導および活動の内容・留意点	教師による評価
① 将来作られるであろう IT 機器（IT gadgets）について，次の点に留意しながら各自英語でまとめる。 ・実際に実現に向けて開発が進んでいるような「現実的な」機器でもよいし，現実的には無理かもしれないが，あったらよいと思われる「夢の」機器でもよい。 ・文章に書いてまとめてもよいし，キーワードなどをメモ的にまとめてもよい。 ・なるべく絵やイラストを用いて説明する。	①・将来作られるであろう IT 機器（IT gadgets）について，英語の文章もしくはキーワードなどでまとめることができるか。 ・絵やイラストを用いているか。
② 個人プレゼンテーションの練習をする。 　a. ①でまとめた英語を見ながら，簡潔に口頭でプレゼンテーションする練習を個人で行う（原稿やメモはなるべく見ないで行えるように練習する）。 　b. ペアを組んで，なるべく相手の顔を見ながらお互いに練習する。 　c. 教師の指示で，ペアの相手を何度か替えて練習する。	②・原稿やメモはなるべく見ないで，個人プレゼンテーションの練習を行えているか。 ・ペアでの練習中，お互いに助け合い，アドバイスし合っているか。

（b., c. を行う中で生徒は相手の話
のよくわからないところや聞き取れ
ない箇所を指摘し合い，よりわかり
やすく，そして聞き取りやすくする
ためのアドバイスをお互いに行う。）

③ 生徒に 6 人から成るグループを組ませ
る。
  a. 各グループは次のような形に机を配
    置する。

          〔司会者〕
〔生徒A〕   〔生徒D〕
〔生徒B〕   〔生徒C〕
          〔記録者〕

  b. 各グループで司会者と記録者を決め
    て，それぞれ各自の席に着席する。

③・左のような形で机を配置
  し，スムーズに短時間でグ
  ループを組めるか。
・司会者と記録者をスムーズ
  に決めているか。

④ 次の手順で司会者の司会・進行のもとグ
ループ内でのプレゼンテーションを行
い，次にグループごとで発表するプレゼ
ンテーションの準備を行う。
  a. 生徒Aの座席に座る生徒がプレゼン
    テーションを行う。
  b. 司会者と記録者以外の生徒が，生徒
    Aに質問したり，コメントを加えた
    りする。
    （→以降，順次このa., b. の活動を
      司会者と記録者も含めて席を変え
      ながら生徒 6 人の中でローテー
      ションさせていく。全員が司会者
      と記録者の役を 1 回やることにな
      る。）

④・生徒はそれぞれの役割を適
  切に果たし，発言している
  か。
・どの IT 機器がグループ代
  表としてふさわしいか，そ
  の理由も含めて発言してい
  るか。
・多数決にせよ，合議にせ
  よ，司会者のリーダーシッ
  プのもとでグループの意見
  集約は行えているか。
・決定した IT 機器について，
  さらに充実したプレゼン
  テーションになるように全
  員で協力しているか。

c. グループの代表としてどの IT 機器を選ぶかについて，司会者を中心として全員で話し合う。意見が大きく分かれた場合の舵取りは司会者にたいへんな負担を強いることになるので，その場合は多数決によってひとつを決定する。

d. 決定した IT 機器について，制限時間（教師が決める）内のプレゼンテーションになるように，必要に応じてグループ内の全員でさらに説明を加除訂正する。また，絵やイラストなども加えたり，修正したりして作成する。

e. 記録者のまとめた記録をベースにして，6 人がそれぞれどの部分を担当してプレゼンテーションするかを話し合って決める。そして，各自自分の担当の部分について，なるべく原稿を見ないで発表できるように練習をする。

f. グループ内で通しで制限時間内に収まるようにグループプレゼンテーションの練習をする。その際，修正点などがあれば話し合って修正する。

g. グループごとに教室の前に出てきて，全体の前でプレゼンテーションを行う。

⑤ 各グループのプレゼンテーションが 1 つ終わるごとに，次の follow-up activities を可能な範囲で行う。なお，質問

・グループプレゼンテーションの中での自分の担当箇所について十分に練習をして，また全員で協力しながら各自役割を果たしているか。

・本番のプレゼンテーションでは，制限時間内でわかりやすくクラス全体に発表しているか。

⑤ follow-up activities を行うことができたか。

に対する解答については，各自担当箇所について答えることを原則とするが，必要に応じて適宜同じグループの他のメンバーが答えてもよい。

(1) 内容について教師から質問する。

　　・発表グループに対して

　　（例）　Can everyone from children to elderly people use the gadget?

　　・聴衆になっている生徒に対して

　　（例）　Do you want to use the gadget? And why or why not?

(2) 内容について発表グループから聴衆になっている生徒に対して質問する。

　　（例）　How much would you pay for our gadget?

(3) 内容について聴衆になっている生徒から発表グループに対して質問する。

　　（例）　What is the biggest selling point of your gadget?

⑥ 《評価・感想シート1》を使って次の観点で評価し，また感想を書き，教師に提出する。教師は点検後，そのシートをそれぞれ該当のグループの司会に渡し，司会はグループ内でシェアをして，今後の活動に活かす。

観点1：そのグループの説明はよくわかりましたか。

---

(1) 教師からの質問に適切に答えることができたか。

(2) 質問は適切であったか。そして，その質問に適切に答えることができたか。

(3) 質問は適切であったか。そして，その質問に適切に答えることができたか。

(4) 《評価・感想シート1》を使い，観点に沿って，適切に評価し，また感想を書くことができたか。

観点2：そのグループの紹介した製品を
　　　　買ってみたいと思いますか。

観点3：発表と内容について，良かった
　　　　点を挙げてください。

観点4：発表と内容について，改善点を
　　　　挙げてください。

⑦　最後に，《評価シート2》を使って生徒
　　は自己評価を行い，また，生徒同士で評
　　価する。シートは教師が回収し，事後の
　　指導と評価に生かす。

《評価・感想シート1》

発表グループ	観点1（評点）	観点2（評点）	観点3	観点4
グループ A	4　3　2　1	4　3　2　1		
グループ B	4　3　2　1	4　3　2　1		
グループ C	4　3　2　1	4　3　2　1		
グループ D	4　3　2　1	4　3　2　1		
グループ E	4　3　2　1	4　3　2　1		
グループ F	4　3　2　1	4　3　2　1		
グループ G	4　3　2　1	4　3　2　1		

【評点について：4（とてもそう思う），3（ややそう思う），
　　　　　　　2（あまりそう思わない），1（まったくそう
　　　　　　　思わない）】

《評価シート2》

評価のポイント	評点（4段階）			
1-1 将来作られるであろうIT機器（IT gadgets）について，英語の文章もしくはキーワードなどでまとめることができたか。	4	3	2	1
1-2 絵やイラストを用いたか。	4	3	2	1
2-1 原稿やメモはなるべく見ないで，個人プレゼンテーションの練習を行うことができたか。	4	3	2	1
2-2 ペアでの練習中，お互いに助け合い，アドバイスし合うことができたか。	4	3	2	1
3-1 指示された形で机を配置し，スムーズに短時間でグループを組むことができたか。	4	3	2	1
3-2 司会者と記録者をスムーズに決めることができたか。	4	3	2	1
4-1 それぞれの役割を適切に果たし，発言できたか。	4	3	2	1
4-2 どのIT機器がグループ代表としてふさわしいか，その理由も含めて発言することができたか。	4	3	2	1
4-3 多数決にせよ，合議にせよ，司会者のリーダーシップのもとでグループの意見集約は行えたか。	4	3	2	1
4-4 決定したIT機器について，さらに充実したプレゼンテーションになるように全員で協力できたか。	4	3	2	1
4-5 グループプレゼンテーションの中での自分の担当箇所について十分に練習をして，また全員で協力しながら自分の役割を果たすことができたか。	4	3	2	1
4-6 本番のプレゼンテーションでは，制限時間内で分かりやすくクラス全体に発表することができたか。	4	3	2	1
5-1 発表の内容についての質問に答えることができたか。	4	3	2	1
5-2 発表の内容についての質問を作ることができたか。	4	3	2	1
5-3 評価・感想シートを使い，観点に沿って，適切に評価し，また感想を書くことができたか。	4	3	2	1

【評点について：4（Excellent），3（Good），2（Fair），1（Failure）】

★ 4 Which is True? (Quiz Game) レベル：中級〜上級

① 5人一組のチームを作る。各チームの中の生徒それぞれの役割は，司会・正解発表者，クイズ出題者1，クイズ出題者2，解答者A，解答者Bとする。

② それぞれのチームでクイズを作って出題。基本は下の例のようにクイズ出題者1と2の2人の生徒による対話形式で出題する。そして生徒A，Bはそれぞれ異なる解答を提示する。

　　具体的なクイズの中身としてはさまざまに想定されるが，次の例のように生徒の体験や経験に基づくこと，あるいは，その生徒の考えていることなど，その人しか正解を知らないクイズにすると作成も容易であり，いわゆる「物知り」な生徒とそうでない生徒との温度差による活動の停滞を招くこともないので，お薦めである。

（例）

Student 1: Do you like travelling, S2?

Student 2: Yes, I do. I like travelling very much.

　　　　S1: Which travel do you remember best?

　　　　S2: I remember travelling to Hokkaido with my family very well.

　　　　S1: When did you have the travel?

　　　　S2: Five years ago. It was when I was in elementary school.

　　　　S1: Why do you remember that travel very well?

　　　　S2: Well, because, there in Hokkaido, I saw the most beautiful scenery I had ever seen before.

　　　　S1: Oh, what was it?

*

Student A: S2 saw a lot of beautiful stars twinkling like diamonds in the sky at one night. That place is famous for its beautiful stars at night in Hokkaido. Actually, he has been to several places

---

with his family where you can see beautiful stars.

Student B: S2 saw the most beautiful landscape he had ever seen before. It was a huge land where you can see no houses, no human beings, no trees, or no artificial architectures. You can see just a land with many natural colors.

③ 他のチームは，チームごとに机を合わせておく。各チームで答えをA，Bどちらかに決めるわけだが，その前に出題チームへの「質問タイム」を設ける。この質問に対する出題チームの答えがA，Bいずれかの解答判断を左右するので，ここが重要な場面である。上の例であれば，たとえば次のような質問が想定される。

（例）　・Who is interested in stars most among your family? And why?

　　　　・You said you saw a land with many natural colors. What colors did you see? And where did the colors come from?

　　　　・Where else have you been to see stars?

　　　　・Why were you so impressed with the land with "nothing?"

④ 各チームから答えとその理由を発表してもらう。

⑤ 正解を発表し，補足などあれば付け加える。

⑥ 次の出題チームへ移り，同様に行う。

補足

「解答シート」や「評価シート」などを用意して，記録に残しながら行う。正解数を競わせながら行ってもよい。

★ 5 TV CM Making Project ［レベル：中級〜上級］

日常生活でなじみの深いテレビコマーシャルメッセージ（TV CM）を，自分たちオリジナルで英語で作ってみようというプロジェクトです。録画して TV 風にということが難しければ，Radio CM にして録音して発表という形にしてもよいでしょう。

① 動画サイト等を使い，日本と海外（英語圏）の TV CM の動画をいくつか用意する。

② ①で用意した TV CM を見て，日本と海外の TV CM の共通点や相違点について話し合い，指摘し合う。

③ 生徒がオリジナルで作成する TV CM を次のように想定する。「日本の商品・製品あるいはサービスを米国で売るために，米国の TV で放映される TV CM を作成する。放映時間は30秒〜１分とする。」

④ 生徒を小グループに分け，各グループで売りたい商品や製品，あるいはサービスを決める。そして，それらを売るための TV CM としての効果的なアピールの方法や戦略について話し合ってまとめる。

⑤ ④でまとめたものをクラス全体の前で発表し，他のグループからコメントやアドバイスを得る。

⑥ ⑤で得たコメントやアドバイスなどを参考に，各グループで TV CM を作成し，録画する。

⑦ 録画したものを持ち寄って鑑賞会を開く。その際，次のようなルーブリックを用意して，生徒にお互いに評価させるとよい。

		評価規準	
		プロジェクト達成度	理解のしやすさ
判定基準	3	（　　　）TV CM の目的を十分に達成し，広がりや深みも含んでいる。	（　　　）聞き取りにくいところがなく，メッセージも理解できる。
	2	（　　　）TV CM の目的は達成しているが，広がりや深みに欠けている。	（　　　）部分的に聞き取りにくいところがある。またはメッセージの理解に困難な部分がある。
	1	（　　　）TV CM の目的を達成していない。	（　　　）全体に聞き取りにくく，メッセージの理解が困難である。

※該当箇所の（　　　）内にチェックマーク（✓）を入れる。

[補足]

▶ インターネットなどをフルに活用して題材を用意，準備したい。また，ALT や native speakers に協力してもらうとさらに充実した内容となる。

▶ 機材については，学校の備品，教師や生徒の私物など，こちらもフル活用したい。他校や他の教育機関などから借りてきて行うこともできる。

★6 その他

他にも次のようなプロジェクト活動が考えられます。詳細は省きますが，本気になって取り組み，マスコミなども巻き込んで行うと，学校の一大イベントになります。

★6-1 地元商店街英語マップづくり

生徒をグループ分けして，担当地区を割り振り，班別フィール

ドワークを行います。商工会や商店街を実際に訪問し，人々とのインタビューを行い，また，さまざまな資料・情報収集を行ったりして，それらの結果をもとに楽しいイラスト満載の，高校生ならではのマップを英語で作ります。

　作成した後は，商工会や商店街に置いてもらい，実際に利用してもらいましょう。ALT や地元に住む外国の方とも連携・協力したいところです。また，役所の窓口や「国際交流センター」などの地元の施設や機関とも連携，協力するとよいでしょう。

　さらに，作成して配付して終わり，ではなく，マップについての改善意見や実際に使ってみての感想などを吸い上げながらバージョンアップしていく工夫があるとよいでしょう。作成したマップを使ったガイドツアーを定期的に開催したりすると地域に大いに貢献することになりますし，教育的にも広がりと深みの出る継続的な活動となります。

★ 6-2 地元に住む外国人向け生活便利ガイドブックづくり

　日本に居住する外国人の数は増加傾向にあります。しかし，残念ながら，彼らが日本の文化・風習・しきたりや自治体ごとのルール，あるいは町内の申し合わせなどを知らないことで，他の地域住民とトラブルになるような例もあります。そのような事態になることを避け，またより安全・安心で快適な日常生活を彼らや彼女たちが送ることを手助けしてくれるようなガイドブックやリーフレットを作ります。盛り込む内容としては，たとえば次のようなものがあります。

・　町内のゴミ出しのルール
・　町内の一斉清掃やイベントなどの案内
・　休日診療や緊急診療についての情報
・　地震や津波など，もしもの時の避難マニュアル

・ 図書館や体育館などの地域の公共施設の利用案内　など

　いずれにせよ，学校だけの取り組みでは限界がありますので，行政機関などとの連携や協力，そして支援が必要でしょう。各自治体の発行する「市政だより」などが参考になります。

★ 6-3 地元の国際交流センターなどとの連携・協力

　自治体には，大概，居住する外国人や留学生，観光客を対象としたサポートセンターや国際交流・観光センターなどが役所の窓口として，あるいは独立した施設として置かれています。それらの機関や施設と連携，協力しながら，高校生としてできることをボランティアで行うということも，生徒にとってはよい経験となります。無理をせず，最初は小さなやりやすいことから始めてみるのがコツです。一度，担当の方などと相談してみるとよいと思います。

★ 6-4 地元の外国人との交流事業

　現在活動中の社会人による国際交流組織・団体と協力して，次のようなイベントの企画・運営に携わることになれば，さまざまな面で学びのある，実り多いプロジェクト活動になるでしょう。

・食の異文化交流：ランチパーティー
・盆踊り大会
・茶華道体験
・日本語によるスピーチコンテスト
・ピクニック，ハイキング，温泉体験
・各種スポーツ交流　など

3 プロジェクト活動の留意点

●冒頭で述べたように，プロジェクト活動には「発表」「調査」「準備」「学び合い」などのさまざまな活動フェーズがあります。それぞれの場面で生まれた資料やメモ，下書き原稿やワークシートなどは，時系列あるいは活動ごとにクリアファイルや大型封筒を用いて保管し，ポートフォリオとして活用するようにすべきでしょう。もしくは web のポートフォリオのサービスやアプリを活用するなどして，保存しておくことが重要です。生徒は各自自らの学習の過程や成果・成長を折に触れて確認することができますし，それが次の段階の学習や成長へつながる「気づき」を与えてくれることにもなります。ポイントは，各資料などに必ず日付を入れておくこと。そして，付箋を活用すること。たとえば，付箋に補足情報をメモ書きしたり，付箋の色別に資料を分類したりすることができます。付箋の色別活用例としては，たとえば，赤色の付箋はリスニングに関する資料，青色の付箋はスピーキングに関する資料，緑色の付箋は文法に関する資料，というように技能や領域別に色分けすることができますし，あるいは，難易度ランク別に色を変えることもできます。

　教師にとってもメリットは大きいです。各生徒のポートフォリオを見ることで成果物（product）を確認し，評価することができますし，生徒の学習の過程をモニターすることで，より適切なフィードバックを生徒に行うことが可能になります。

●プロジェクト活動には「正解」はありません。それぞれの目標をどの程度達成することができたかを柔軟に評価し，またそれを受け入れる姿勢が生徒にも教師にも求められます。形成的評

価を十分に活かしながら，生徒の成長を見守り，促し，寄り添いたいものです。

● プロジェクト活動は，あるひとりの教師のスタンドプレーとして行うのではなく，複数の教師と協働し，連携・協力しながら行うのが基本です。そうすることのメリットは大きいと言えます。たとえば，以下のようなよい点があります。
  ・　1人の教師の抱える負担が減る
  ・　活動がよりブラッシュアップされ，盛り上がる
  ・　クラスの異なる生徒間同士の公平感や共通意識を担保し，連帯感の醸成につながる。教員同士についても同様である
  ・　活動とそれを行うノウハウが英語科全体の共通・共有財産となり，改善を加えながら年度を越えて毎年継続的に受け継がれることが可能になる
　また，自治体等の学校以外の組織や団体などに依頼したり，協力して行う活動については，管理職と相談しながら，学年間で連携したり，学校全体として取り組むことになるでしょう。

　最後に，プロジェクト活動を成功させるコツは「みんなでやること（生徒も教師も）」，「途中でめげない，投げない，あきらめないこと」，「何らかの成果や結果を出すこと（できれば，目に見えるものを後に残す）」です。生徒を信じて，粘り強く取り組めば，必ず結果は伴います。

同僚性の醸成

1　同じ学校の同じ英語科職員として

　昔ほどではないにせよ，高等学校以上の上級学校では，未だに教師は「一国一城の主」として他から干渉されるのを拒み，また他への干渉はしないという傾向があるように思われます。しかし，今の時代においては，ひとつの学校における指導と評価の公平性，妥当性，持続性等を考えると，そのような気風や体制ではさまざまなところで齟齬やトラブルを招かないとも限りません。また，ひとつの組織としての力を十二分に引き出すためには，その組織を構成するすべてのスタッフによるチームワークが適切に機能していることが重要です。

　そのチームワークを組織の中に生み出すためには何が必要でしょうか。それは，同じ仲間としての同僚性を醸成し，また活用することで得られる利点やメリットについて皆で納得し，その思いを共有して，実践することです。

　具体的には次のような利点やメリットが考えられます。

・1人当たりの作業量が減る
・作業時間が短縮できる
・公平性が生まれる
・安心感が生まれる
・自己研鑽や研修につながる
・生徒からの信頼感，満足度，達成感が高まる

　同僚性の醸成というのは生徒にとっても教師にとっても意味のあることです。ぜひ，取り組んでみていただきたいと思います。もちろん，大前提として「組織」（チーム）で行うことになるので，そこには適切なリーダーシップとフォロワーシップが求められることになります。実は，ここが一番重要なところでもあります。同僚性の重要さやメリットを頭の中ではわかっていても，実際に皆で「協力する」ということができず結局は個々の教師の人間性に帰する問題となってしまうようでは，そこから先には何も進みません。

2　新潟県高教研英語部会プロジェクト活動の取り組み

　新潟県では，平成29年（2017年）の全英連新潟大会の開催決定をひとつのインセンティブあるいは「起爆剤」と捉え，私が部長を務めていた高等学校教育研究会（高教研）英語部会の事業活動の一環として，平成28年（2016年）より先生方による自主研修をサポートしています。今のような形になる少し前に立ち上がった「プロジェクトS（Smile）（旧）」を取り込みながらさらに充実，発展，整理する形で，高教研英語部会が主体となって次の3つのプロジェクトに先生方から参加してもらい，それぞれの実践や課題を話し合い，研鑽と交流を深めています。

(1) プロジェクトS（Smile）（新）：先生方と生徒の笑顔が増えることを目指して，日々の授業を改善するための実践やアイデアを話し合い，共有しています。

(2) プロジェクトO（Open Class）：英語部会が毎年秋に開催する全県研究協議会で公開研究授業を行う先生方が目指す生徒の姿と現状の課題を参加者全員で共有し，それぞれで授業実践をしながら指導案の検討とアイデアの共有を行うことで，自身の授業改善へのヒントを得ています。

(3) プロジェクトE（Evaluation）：評価に関する悩み相談や実践紹介などから参加者がヒントを得て，実践力の向上を目指しています。新学習指導要領における評価や，大学入試問題の研究などにも取り組んでいます。

　それぞれの活動は主に週休日を利用して行います。プロジェクトのモットーは「ゆるく，長く，楽しく」。これが長続きする秘訣です。

引用・参考文献

青木昭六（編）. 1990.『英語授業実例事典』: 大修館書店.

卯城祐司. 2013.「英語リーディングの質と量―生徒は本当に英語を読んでいるのか？」『英語教育』62（6）:12.

江尻寛正. 2018.「やり取りできる力を育てる小学校外国語の実践」『英語教育』66（11）:13-14.

大嶋浩行. 2012.「生徒一人ひとりと向き合える帯活動」『英語教育』61（2）:30-31.

大塚謙二. 2013.「ゼロから始める要約・リプロダクション」『英語教育』62（6）:23-24.

大塚謙二. 2017.「〈発表活動〉生徒の自信を高める効果的で手軽な指導法」『英語教育』66（8）:28-29.

岡秀夫・吉田健三・山岡憲史・萩野俊哉・向後秀明. 1999.『オーラル・コミュニケーションハンドブック―授業を変える98のアドバイス』: 大修館書店.

岡田伸夫. 2001.『英語教育と英文法の接点』: 美誠社.

小川知恵. 2015.「タスクの効果的な設計とは？」『英語教育』64（3）:17-18.

小原弥生. 2016.「プレゼンテーションを目指した段階的音読活動」『英語教育』65（10）:20.

笠原究. 2013.「『英語で行う授業』における＋αの語彙指導」『英語教育』61（12）:13-15.

加藤真由子. 2016.「学年末はパフォーマンスで仕上げよう」『英語教育』65（10）:24-25.

金谷憲（編）. 2012.『英語授業ハンドブック―高校編』: 大修館書店.

川淵弘二. 2014.「ペアワークによるQ&A／スピーチを聞いて自由作文」『英語教育』63（7）:17.

久野暲・高見健一. 2005.『謎解きの英文法―文の意味』: くろしお出版.

隈部直光. 1992.『英語教師Do's & Don'ts―クマベ先生心得100箇条』: 中教出版.

小泉利恵. 2016.「ルーブリックを使ったスピーキングの評価」『英語教

育』65（10）:34-35.

財団法人語学教育研究所（編）. 1988.『英語指導技術再検討』: 大修館
　　書店.

坂野由紀子. 2016.「大学でのアクティブ・ラーニング―質問を引き出
　　す」『英語教育』65（5）:25.

佐藤剛. 2012.「教科書を使った多読活動」『英語教育』61（2）:20-23.

佐藤剛. 2016.「TED Talks を活用したスピーチと4技能フル回転の活
　　動」『英語教育』65（10）:30-31.

佐野正之・米山朝二・多田伸二. 1988.『基礎能力をつける英語指導法
　　―言語活動を中心に』: 大修館書店.

白畑知彦. 2017.「語彙大幅増時代にどう立ち向かうか」『英語教育』65
　　（12）:10-11.

白畑知彦・冨田祐一・村野井仁・若林茂則. 2019.『英語教育用語辞典』
　　第3版: 大修館書店

鈴木加奈子. 2013.「教科書を二度使って『読み』を『発表』へつなげ
　　る山形スピークアウト方式の試み」『英語教育』62（6）:21.

大修館書店指導ノート編集委員会. 1998.『*Genius English Course* I
　　Revised 指導ノート』: 大修館書店.

大修館指導ノート編集委員会. 1999.『*Genius English Course* II Re-
　　vised 指導ノート』: 大修館書店.

高梨庸雄・高橋正夫. 1987.『英語リーディング指導の基礎』: 研究社出
　　版.

滝沢雄一. 2017.「技能統合につなげるインプット」『英語教育』66
　　（10）:28.

武田富仁. 2012.「読んで書く音読ドリル」『英語教育』61（2）:32-33.

巽徹. 2014.「生徒の『読みを深める』―発問の工夫」『英語教育』63
　　（4）:35.

伊達正起. 2015.「授業―テスト―自主学習・自主練習をつなぐ『タス
　　ク』を使った評価」『英語教育』64（3）:28-30.

田中武夫. 2013.「発問を活用してリーディング指導を英語で行う」『英
　　語教育』62（6）:18.

渓内明. 2016.「〈英語を多用する授業づくり〉生徒が質問文を発する機
　　会を増やす工夫」『英語教育』65（10）: 52-53.

豊嶋正貴. 2012.「英英辞典を使った語彙トレーニング」『英語教育』61
　　（2）:29.

鳥飼玖美子. 2011.『国際共通語としての英語』: 講談社.

滑川典宏. 2018.「やり取りが苦手な生徒への支援」『英語教育』66
　（11）: 25.

西林慶武. 2015.「相手を見て活発に話す―「消しゴムトーク」で会話
　のキャッチボール」『英語教育』63（11）: 40.

ねじめ正一. 2009.『ぼくらの言葉塾』: 岩波書店

原田尚孝. 2011.「英語が苦手な生徒に話させる工夫―スモール・ステッ
　プを踏んだ指導のプロセス」『英語教育』60（4）: 20-21.

原田昌明. 1991.『英語の言語活動What&How』: 大修館書店.

東村広子. 2012.「30秒・3分・5分・10分でできる帯活動のアイディ
　ア」『英語教育』61（2）: 36-38.

東村広子. 2014.「主体的に読む活動」『英語教育』63（7）: 29.

樋口忠彦. 1996.『英語授業Q&A』: 中教出版.

深澤真. 2015.「スピーキングの評価2―テストの採点方法」『英語教育』
　63（11）: 63.

星野拓也. 2012.「ゲーム感覚で行う語順のトレーニング―Crazy Sen-
　tence という試み」『英語教育』61（2）: 26.

星野拓也. 2012.「語彙力を高める段階的トレーニング」『英語教育』61
　（2）: 28.

本多敏幸. 2011.「今からスピーキングのプロジェクト活動を企画して
　みよう！」『英語教育』60（4）: 26-28.

本多敏幸. 2013.「ため息からの授業改善―ポイントはこれだ！」『英語
　教育』62（9）: 45.

本多敏幸. 2018.「長年のチャット指導を振り返って」『英語教育』66
　（12）: 64-65.

本多敏幸・工藤洋路. 2018.「どうする？中学校英語見直し会議―第4
　回即興での『話すこと［発表］』をどう考えるか」『英語教育』67
　（4）: 49.

蒔田守. 2013.「『物語』教材で生徒の読みを深める―中学1年生にも可
　能な*A Lost Button* 読解指導」『英語教育』62（6）: 28-29.

増田裕亮・阿野幸一. 2011.「検定外教科書を使った高校の授業―生徒
　が明るく・楽しく学ぶ授業づくり」『英語教育』60（9）: 45-47.

町田健. 2006.『チョムスキー入門―生成文法の謎を解く』: 光文社.

松下信之. 2013.「読む目的に応じたリーディング指導の工夫」『英語教
　育』62（6）: 25.

薬袋洋子. 1993.『リーディングの指導』（英語授業のアイデア集―英語
　教師の四十八手5），金谷憲・谷口幸夫（編）: 研究社出版.

宮﨑太樹. 2012.「歌を使った工夫」『英語教育』61（2）:17.

森義仁. 2012.「1-minute Speech」『英語教育』61（2）:18.

山岡俊比古. 2002.「文法指導の必要性について」『STEP 英語情報』: 日本英語検定協会.

山岡憲史. 2015.「『読んで・聞いて・書く』活動のアイディアと評価―高等学校におけるスピーキングテスト」『英語教育』63（11）:28.

山本崇雄. 2016.「教科書を用いた授業とアクティブ・ラーニング」『英語教育』65（5）:18-19.

米原万里. 2003.『ガセネッタ＆シモネッタ』: 文藝春秋.

Cummins, Jim. 1979. "Cognitive/Academic Language Proficiency, Linguistic Interdependence, the Optimum Age Question and Some Other Matters," *Working Papers on Bilingualism*, no.19, 121-29.

Grellet, Françoise. 1981. *Developing Reading Skills: A Practical Guide to Reading Comprehension Exercises*. Cambridge University Press.

Nation, Paul, ed. 1994. *New Ways in Teaching Vocabulary*. TESOL Press.

Redman, Stuart, and Robert Ellis. 1989-91. *A Way with Words*. 3 bks. Cambridge University Press.

Skehan, Peter. 1998. *A Cognitive Approach to Language Learning*. Oxford University Press.

【web サイト】

一般社団法人全国高校英語ディベート連盟（HEnDA)HP.
（2021年9月2日閲覧)< http://henda.global/>

あとがき

　ねじめ正一氏は『ぼくらの言葉塾』（岩波新書）の中で次のように述べています。

　　常識と，理屈と，成熟。私はこの三つは子どもの本の敵だと思っています。子どもをいわゆる「いい子」に育てたい大人は，この三つが大好きです。そして彼らが子どもに読ませたいと思う本には，たいてい，この三つのうちのどれかが含まれています。
　　しかし，忘れてはなりません。常識の行き着くところは硬直です。理屈の行き着くところは妥協です。成熟の行き着くところは凡庸です。私は，たましいのやわらかい子どもに，この三つだけは与えたくないと，心底思っています。

　「常識と，理屈と，成熟」——まさにこれらを生徒に与えることが，日本の学校で行われていないでしょうか。私たち教員の身に垢のようにこびりつき，なかなか取り去りきれないのでしょう。
　「常識と，理屈と，成熟」の行き着く先である「硬直と，妥協と，凡庸」はとても居心地のよいものです。自分を傷つけず，他者をも傷つけず，穏やかで平和で，ただ流されていればよい世界です。私もよく知っています。
　本書で私は，生徒をアクティブ・ラーナーに育てるためのさまざまなアイディアや具体的な取り組みを紹介してきました。ねじめ正一氏の述べる子どもの本の三つの敵と対照させるとすれば，非常識で，理屈の通らない，未熟な内容も中には含まれているかもしれません。本書で紹介されている言語活動を実践することに

躊躇される先生方もいらっしゃるでしょう。

　しかし，生徒はみな「たましいのやわらかい子ども」です。アクティブ・ラーナーになる素地を確実に持っています。まずは一歩，踏み出してみましょう。子どもたちを信じ，アクティブ・ラーナーに育てる覚悟を持って。しばらく経つと，私たちの教室は変わります。もはやそこには，硬直も，妥協も，凡庸もありません。

　私は，たましいのやわらかい子どもたちに，そして生徒たちに恵まれました。成熟とはほど遠く，常識や理屈にとらわれず，何にでもなれると心底信じている生徒たちでした。彼らと彼女たちが，変わる「勇気」を私に与えてくれました。その時，私の心の中に芽生えたのが「気概」と「挑戦」です。時や場所や年齢は関係ありません。その気概と，何かに挑戦する気持ちを持ち続ける限り，硬直と妥協と凡庸さとは無縁になります。

　本書が皆さんにその勇気と気概と挑戦を与えるようなものになれば，著者としてこれほどうれしいことはありません。

　本書を上梓するにあたり大修館書店の皆様には大変お世話になりました。厚く御礼申し上げます。特に，粘り強く，常に誠実に対応してくださった春日恵理奈さんに深く感謝申し上げます。また，私の第1作『ライティングのための英文法』（1998年），その10年後の『英文法指導Q&A　こんなふうに教えてみよう』（2008年）を担当していただいた五十嵐靖彦さんと，また十数年後にこうして一緒にひとつのものを作り上げることができたことを本当に心から感謝したいと思います。

2021年8月

萩　野　俊　哉

索引

※★マークは見出しになっている
　活動名を示しています。

【欧文】

[著者紹介]

萩野俊哉（はぎの　しゅんや）

1960年新潟県小出町生まれ，柏崎市育ち。

1984年東北大学文学部英語学科卒業。

元公立中学校・高等学校教員。

［著書］『ライティングのための英文法』（大修館書店），『コミュニケーションのための英文法』（大修館書店），『英文法指導 Q&A——こんなふうに教えてみよう』（大修館書店），文部科学省検定教科書 *Genius English Course.* I-II. Rev., *Genius English Readings.* Rev.（以上大修館書店，共著）など。

英語教育21世紀叢書

言語活動がアクティブ・ラーナーを育てる——生徒の英語であふれる授業

©HAGINO Shunya, 2021　　　　　　　　　　　NDC375／viii, 246p／19cm

初版第1刷——2021年11月1日

著者————萩野俊哉

発行者————鈴木一行

発行所————株式会社大修館書店

　　　　　　〒113-8541　東京都文京区湯島 2-1-1

　　　　　　電話 03-3868-2651（販売部）　03-3868-2292（編集部）

　　　　　　振替 00190-7-40504

　　　　　　［出版情報］https://www.taishukan.co.jp

装丁者————井之上聖子

印刷所————文唱堂印刷

製本所————難波製本

ISBN978-4-469-24651-3　Printed in Japan